『ACT（アクセプタンス & コミットメント・セラピー）をまなぶ』学習用DVD

ACTをみる：エキスパートによる面接の実際

著
ジェイソン・B・ルオマ
スティーブン・C・ヘイズ
ロビン・D・ウォルサー

監訳
熊野宏昭　高橋史　武藤崇

星和書店
Seiwa Shoten Publishers

2-5 Kamitakaido 1-Chome
Suginamiku Tokyo 168-0074, Japan

Learning ACT

An Acceptance & Commitment Therapy
Skills-Training Manual for Therapists

by

Jason B. Luoma, Ph.D.
Steven C. Hayes, Ph.D.
Robyn D. Walser, Ph.D.

Translated from English
by
Hiroaki Kumano, M.D., Ph.D.
Fumito Takahashi, Ph.D.
Takashi Muto, Ph.D.

English Edition Copyright © 2007 by Jason B. Luoma, Ph.D., Steven C. Hayes, Ph.D., and Robyn D. Walser, Ph.D. and New Harbinger Publications, 5674 Shattuck Ave., Oakland, CA 94609

Japanese Edition Copyright © 2010 by Seiwa Shoten Publishers, Tokyo

CONTENTS

イントロダクション　[0:00] ···1

ウィリングネス／アクセプタンスの育成　[3:50] ············3

認知的フュージョンを弱める　[16:48] ························11

「今，この瞬間」との接触　[41:58] ····························29

概念としての自己と文脈としての自己を区別する　[56:11]　39

価値に沿った方向性を見出す　[1:12:19] ······················49

コミットされた行為のパターンを形成する　[1:33:35] ······63

ACTの治療スタンス　[1:43:22] ··································71

ACTというダンスの踊り方　[1:55:20] ·························79

　　コア・コンピテンシー一覧　　91
　　監訳者あとがき　　95

● DVDの使い方 ●

　このDVDと付属テキストは，邦訳書『ACT（アクセプタンス & コミットメント・セラピー）をまなぶ』とセットで学習していただくために作成されたものです。

　まだ『ACTをまなぶ』をお読みでない方がこのDVDを単独で使用されるとわかりにくい点がありますので，ぜひ『ACTをまなぶ』とセットで学習を進めてください。

○このテキストには，『ACTをまなぶ』の対応する章や参照ページが掲載されています。
○テキストの中の 3:50 は，DVDのスタートからの進行時間を示しています。

■ イントロダクション

.... ジェイソン・ルオマ ....

　『ACT（アクト）をみる：エキスパートによる面接の実際』にようこそ。このDVDは邦訳書『**ACT（アクセプタンス&コミットメント・セラピー）をまなぶ**』(星和書店，2009) とセットになっており，その中で取り組むエクササイズについて，皆さんに理解を深めていただくためのものです。このDVDでは，本で紹介したコア・コンピテンシーを映像を通して実際にご覧いただきます。ただ，すべてのコア・コンピテンシーを入れてあるわけではありません。そんなことをしたら，20枚組のDVDになってしまいますからね。その代わり，さまざまなコア・コンピテンシーを取り上げることで，主な章を網羅しています。
　このDVDでは，クライエント役の俳優とのロールプレイをご覧いただきます。映像によっては，セラピストがコア・コンピテンシーに合致したやり方をしているものもあれば，そうでないものもあります。また，セラピストの行動が，コア・コンピテンシーとある点では合致していて，ある点では合致していない，というものもあります。
　これはロールプレイですから，ある意味，人工的なものです。しかし，皆さんが本で読んだ，的確で一貫したACTにおけるセラピストの行動とはいったいどういうものなのか，それを知るためのお役には立てると思います。そのために，皆さんにしていただきたいことがあります。DVDを見ていると，たった今見たばかりの映像について皆さんに考えていただくための画面が現れます。そのときには，ご覧になった映像がACTに合致していたのか，

それとも合致していなかったのか，もしくは合致するものとしないものが混ざっていたのか，その判断をしてください。また，どの点を見て，セラピストの行動がACTに合致する，あるいは合致しないと考えたのか，その点についても明確にしてください。より良い判断ができるように，メモをとりながら取り組むとよいでしょう。

　また，DVDの使用方法について，いくつか提案があります。まず，DVDを見る前に『**ACTをまなぶ**』を読んでおくことです。そのための方法として，以下の2つがありますので，どちらかを選んでください。まずは，本をすべて読み終えて，その後でDVDを見るという方法。あるいは，本の各章を読み，それに対応するエクササイズをやった後で，DVDの関連部分を見る方法。いずれにしても，本の各章で勉強する基本的枠組みが身についていないと，ロールプレイを見てもピンとこないでしょう。それに，本を読む前にロールプレイを見てしまうと，本の実践エクササイズを行う機会を失ってしまいます。ですから，少なくともDVDと関連する章を読んでからDVDをご覧になることをお勧めします。

　ご視聴，ありがとうございます。どうぞお楽しみください。

ウィリングネス／アクセプタンスの育成

> ACTをまなぶ 第2章

セラピスト	ロビン・ウォルサー

　これからご紹介するのは，ウィリングネスとアクセプタンスについてです。第2章のコア・コンピテンシーに焦点を当てていきます。「嫌だ」と感じたときにそれをコントロールすることの代償に触れるとともに，コントロールの逆説的効果についても目を向けていきたいと思っています。
　セラピストは，困難なトラウマ経験をもつクライエントとワークをしていきます。これまでクライエントは，そのトラウマに伴う体験を回避することに力を注いできました。それでは，映像をご覧ください。

▶ 場面1

クライエント　え，まあ……。本当につらい記憶で……。何というか……思い出したくもありません。話すのも嫌なんです。

セラピスト　それでは，それについて話したくないという気持ちに気づくと，どんな感情が出てきますか？

クライエント　うーん。ただ……ただ麻痺したような感じです。私は……そう，今までずっと感情をシャットアウトしてきました。まったく対処しないで，それについて考えないで，……そうしてきたんです。

セラピスト　となると，今，あなたに試していただきたいのは，「麻痺する」という体験に触れて，感じていられるかどうかです。今その体験があるという感じはありますか？

クライエント　ええ……はい。
セラピスト　では，始めましょう。その体験は，身体のどこで感じますか？
クライエント　ここです。
セラピスト　ここですね。どんな感じか，説明できますか？
クライエント　はい。何と言うか，握りこぶしみたいな感じです。
セラピスト　ええ。
クライエント　少しですけど，呼吸があまりうまくできないような。
セラピスト　ありがとうございます。では，「呼吸ができない」という思考を抱いていること，それが握りこぶしのような形をしていること，それを感じてください。ちょっとの間，ただそれに意識を向けて，感じてみましょう。
クライエント　難しいです。
セラピスト　そうですね。それも一緒に感じるようにしてください。〔間〕ご自分のペースでいいですよ。〔間〕この気分に気づきながら，ふり返って考えてみましょう。この気分が現れて，あなたがその中にいるときのこと，あなたが苦痛な体験から逃れようとしているときのことです。そうすることの代償は何でしょうか？　何が起きますか？
クライエント　その……また何度も経験させられます。
セラピスト　なるほど。では，あなたが望まないときでも，それは現れるのですね。
クライエント　はい。
セラピスト　ということは，代償の1つは，いわばパラドックス（逆説）ですね。それを感じたくない，でも，それはそこにある。
クライエント　はい。
セラピスト　その他はいかがですか？
クライエント　そうですね……そのときにたとえ明らかに生活の邪魔をしているというわけじゃなくても，実際は常にそこにあるような……。
セラピスト　いつもあなたにつきまとっているような感じ？
クライエント　はい。

セラピスト その苦痛な体験があなたにつきまとっているとき，あなたの人生はどれくらいうまくいっていますか？ あなたの人生には，何が起こっていますか？

クライエント その，自分が……自分自身の人生を過ごしていないような感じです。

セラピスト そうですか。お話を聞いていて，ここで何が起こっているように感じられるかというと，麻痺して逃げてしまうことで，実際には問題をますます大きくしている，ということです。生活全体に広がるくらいに。

クライエント そうです。

セラピスト それでは，あなたの現状から……それについて話すことができないという今の状態を，スタート地点としましょう。そこにあるものと向き合って，進んでそれを体験するために。

クライエント わかりました。

> ‖DVDを一時停止！
>
> ここでDVDを一時停止してください。
> この例はACTに合致していましたか？ 合致していませんでしたか？ あるいは，どちらとも言えないものでしたか？ そう考えた理由は何でしょう？
> あなたの回答とセラピストからの回答を比べてみてください。

◆セラピストからの回答◆　　　　　8:31

　これは，ACTに合致する対応です。クライエントには，自らが体験する「今，この瞬間」に向き合い，麻痺をあるがままに進んで体験するよう求めました。さらに，麻痺と回避の代償にも目を向けていきます。そうすることで，麻痺する，物語を語るのをやめる，あるいは物語から隠れるなど，コントロールというアジェンダが役に立たない可能性に気づくことができ

ます。ウィリングネスをもって，それを体験することができるようにするのです。おそらく，彼女はこれから，もっと役に立つアジェンダに則って行動できるようになるでしょう。

▶ 場面2　　　　　　　　　　　　　　　　　　　　　　　9:18

クライエント　何があったのかを言葉にしようとするだけでも，私には無理です。それに，むしろ思い出さない方がいいんじゃないかと思います。思い出したくないんです。

セラピスト　では，思い出したくないという気持ちと一緒に，どんな感情が出てきますか？

クライエント　麻痺です。

セラピスト　あなたが麻痺したように感じるというのはよくわかります。こういう体験をするというのは大変なことですよね。あなたの立場になれば，誰でもそう感じるでしょう。〔間〕少し楽になりましたか？

クライエント　ええ。まだその感覚はそのままありますけど，でも……まあ，少しは楽になりました。

セラピスト　そうですか。こうしたことに圧倒されたように感じることもありますからね。

クライエント　ええ。

セラピスト　だから，圧倒されたように感じたときには，少し引いてみるといいかもしれません。

クライエント　はい。

セラピスト　今，どのように感じていますか？

クライエント　一歩引いて，思い出さなくてもよいので，ずいぶん気が楽になりました。

セラピスト　それはよかったです。

ウィリングネス／アクセプタンスの育成 7

> ‖DVDを一時停止！
>
> ここでDVDを一時停止してください。
> この例はACTに合致していましたか？ 合致していませんでしたか？ あるいは，どちらとも言えないものでしたか？ そう考えた理由は何でしょう？
> あなたの回答とセラピストからの回答を比べてみてください。

• セラピストからの回答 • 10:44

この対応の最初の部分は，かなりACTに合致していました。その瞬間に自分が体験している感情を彼女に認識させることは，ACTセラピストに求められる行動です。しかし，ひとたびその感情を確認したとたん，表向きは妥当性を確認する形になっていますが，私は一転して，彼女の気分を楽にしようとしています。彼女だけがそうなのではないということ，彼女がそのように感じるのも無理はないことを，彼女に知らせているのです。これは多少は役に立つかもしれませんが，おそらく，長い目で見ると，このクライエントが自分の価値を積極的に選択するといったように，柔軟でもっと自分から進んで取り組めるようになれる助けにはならないでしょう。つまり，彼女に逃避を許してしまった部分があるのです。そして，その逃避の中で，コントロールという概念を強化してしまいました。

ではここで，**コンピテンシー7**（◎本書 p.91，ACTをまなぶ p.79）に取り組んでいくことにしましょう。さらに，価値に沿った人生の目的と関連して，ウィリングネスの欠如がどのような代償をもたらすかについても見ていきます。このクライエントはボーイフレンドとの関係で苦しみ，もがいています。拒絶されていると感じて，この拒絶をめぐる感情を克服しようとしています。

▶ **場面3**　　　　　　　　　　　　　　　　　　　　　　　　　12:12

クライエント　彼のそばにいると自分をとても意識してしまって，魅力がないように感じるのです。彼は仕事とキャリアに対して高いモチベーションをもっています。だから，彼が仕事のことで忙しいと，私の思いなんてそれと比べたら何もかも大して重要なことではないように感じるのです。それに，彼の力になりたいと思っているのに，結局，この関係で私がどんな思いをもって，何を求めているかを伝えるだけのことで，こうして不安の堂々巡りをすることになってしまうのです。

セラピスト　では，ご自分の思いや希望を伝えようとするとき，どんなことが起こりますか？　どのような感情が現れますか？　不安があるように聞こえますが。

クライエント　はい。

セラピスト　それが，そのときに起こることですか？

クライエント　ええ。不安です。「何かバカなことを言っちゃうんじゃないか」とか「彼に反対されるんじゃないか」などと怖くなるのです。私ってなんてちっぽけで，つまらないんだろうって気がして……。

セラピスト　この，あなたが不安を感じている状況……。

クライエント　はい。

セラピスト　……自分はこんなにちっぽけで，つまらない……。

クライエント　ホコリみたいな。

セラピスト　……ホコリみたいなものだと感じると，あなたたちの関係に何が起こるのでしょうか？

クライエント　その，彼は心を開いて会話を受け入れてくれている，と最初は私も思うんですけど，でもそうすると，頭の中のこの声がどうしても話をやめようとしなくなるんです。私は，自分が言っていることを聞くことさえできないみたいです。で，ただ黙りこむしかなくなってしまうのです。

セラピスト　なるほど。それで，あなたたちの関係はどうなのでしょう……。

私には，あなたが望むようには進展していないように聞こえますが。ますます離れていっていますか？

クライエント　はい。そのように感じます。

セラピスト　そうですか。そこには不安があって，あなたの頭の中には対話がくり広げられている。「こんなことはバカげている……」

クライエント　はい。

セラピスト　「……自分はあれこれうるさく言う人間にはなりたくない」というような。

クライエント　そうです。

セラピスト　そういったことを進んで感じてみよう，というお気持ちはありますか？　私は何もあなたに，それを好きになれとか，あるいはそれを自ら求めなさいと言っているわけではありません。いいですか？　それを好きになるとか，そういうことは抜きにして，もしそれがボーイフレンドともっと親密な関係をもつようになることを意味しているとしたら，それを進んで感じてみようというお気持ちになるでしょうか？

クライエント　究極的には，そうですね。それが私の望みですから。

セラピスト　わかりました。あなたが望むものの中で，まぎれもなく望んでいるのは，ボーイフレンドとの良い関係でしょう。ボーイフレンドと良い関係をもつということには，不安を感じて，不安をそのままにしておいて，あなたの頭の中で続いている思考に気づきながら，彼ともっと親密になるためのステップを踏むということが含まれています。確かに，これらはウィリングネスのちっぽけな，小さなかけらかもしれませんが，何もオール・オア・ナッシングである必要はないのです。これは，あなたがボーイフレンドとより親密になり，これらの感情や思考を抱えていけるようになるプロセスなのです。

クライエント　確かに，それが私のやりたいことですが，でも，そういうことを感じながら，普通に進んでいくのは難しいです。

セラピスト　そのとおりです。そして，その思考さえも感じてほしいのです。今おっしゃったその思考も抱えて，これらのステップを踏んでください。

もっと親密な関係をもてるようになるのであれば，それはあなたにとってやる価値がありますか？
クライエント　はい。
セラピスト　わかりました。

> ▌▌DVDを一時停止！
>
> ここでDVDを一時停止してください。
> この例はACTに合致していましたか？　合致していませんでしたか？　あるいは，どちらとも言えないものでしたか？　そう考えた理由は何でしょう？
> あなたの回答とセラピストからの回答を比べてみてください。

セラピストからの回答　　15:55

これはACTに合致する対応です。本質的に，私がクライエントと一緒に取り組んでいたのは，「そうすることで価値に沿った目的を達成できるのであれば，進んで体験してみよう」ということです。彼女の望みは，ボーイフレンドとより親しい関係になることです。そして，不安を抱いたままでいること，その瞬間に不安と向き合うこと，バカげているということについて彼女が抱いている思考に気づくこと，そして価値に沿った方向性を選択するということは，何を意味しているのでしょうか？　ボーイフレンドと話をすることかもしれませんし，彼とより親密になることかもしれません。あるいは，彼の意見を引き出して，彼女がもがき苦しんでいることについて話をすることかもしれません。感情を抱えながらも，彼との関係において彼女が抱いている価値を尊重するという明確なゴールに向けて，彼女にできることはたくさんあるのです。

認知的フュージョンを弱める

> ACTをまなぶ 第3章

|16:48|

セラピスト スティーブン・ヘイズ

では，次の2つの場面では，**コンピテンシー2**（→本書 p.91，ACTをまなぶ p.139）から**コンピテンシー4**（→本書 p.91，ACTをまなぶ p.140）（第3章）までを見ていきましょう。これは，自分のマインドから少し距離をとって，いったい何が起こっているのか，そのプロセスを見つめて，空中からそれをとらえ，そして言語の幻想を打ち破る，いくつかのテクニックを利用できるようにするためのコンピテンシーです。役に立たないことをするようにマインドが人を導いたときでも，そのマインドの言葉に対してもう少し柔軟に対処できるようにするのです。

場面1と場面2では，ACTの一部としてエクスポージャー・エクササイズを実施しようとしているクライエントを見ていくことにしましょう。このクライエントはパニック障害を体験していて，長年の間，ほとんど家にひきこもっていました。現時点で，ある程度のエクスポージャー・スキルが身につくところまできています。これから，「ミスター不安」を探しに出かける予定です。ここでご紹介するのは，そのエクスポージャー・エクササイズのプロセスについて話し合っているところです。

▶ **場面1** |17:55|

セラピスト さあ，いよいよ今日ですね。

クライエント ええ，先週はそういうお話だったと思いますが，実際のところ，

そういう感じがしません。今回は本当にそういう感じではないのです。これをやると言ったことは自分でもわかっているんですが，1週間ずっとそのことが頭から離れなくて，だから私は……。

セラピスト　もっともです。

クライエント　……わかるでしょう？　胸が締めつけられそうなんです。来るのをやめようかと思ったほどです。電話でキャンセルしそうになりました。

セラピスト　そうでしょうね。

クライエント　自分にこんなことができるとは思いません。あのショッピング・モールまで車を運転していくなんて，できないと思うんです。モールの中を歩いたら，きっと気がおかしくなってしまいます。人混みが上へ行ったり下へ行ったりしているのが目に浮かびます。そのことを考えると，まるで壁が私の上に崩れ落ちてくるような感じになるんです。

セラピスト　少しスピードを落としましょう。状況を理解するといったらいいでしょうか。それでもまだ実行は可能です。でも……「ミスター不安」を探すというのは同意されたことですし，どうも，彼はここにいるようですね。

クライエント　ええ，そうです。ばっちり，います。

セラピスト　ええ。では，1つ質問をさせてください。あなたがモールに入ろうとするとき，こういうことはよくあるのですか？　これは，おなじみのことなのでしょうか？

クライエント　ええ，ええ。こういうことが四六時中，起こるんです。私がここに来たのも，そもそもそれが理由です。

セラピスト　そのとおりです。だから，私たちはある意味，それに対して違う姿勢をとろうと取り組んできたわけです。今，私たちは実際にあることをしようとしています。そして彼がここにいるのです，ばっちりと。とてもおなじみのものなのですよね？

クライエント　はい。とてもなじみがあるものですし，ひどく落ち着かなくなることもあります。

セラピスト　そうでしょう。ええ。そういった思考はどのくらい古くからあ

ると思われますか？　つまり，あなたが今おっしゃったことですが，次から次へと続いていくような緊迫感があったことに気づいていらっしゃいますか？

クライエント　はい。

セラピスト　……次々とつながっていくような。「私がそこに到達すると，これが起きて，そのあと，これが起きるだろう」という感じです。私が何を申し上げているか，おわかりですか？

クライエント　はい，よくわかります。

セラピスト　では，これはどのくらい昔からあるのですか？　ずばりその言葉どおりというわけではないのですが，その「ダ，ダ，ダ，ダ，ダ，ダ……」〔機関銃のような連続音〕という感じのその小さなつながりです。それは，どのくらい前からあるのですか？

クライエント　子どもの頃にも，よく起こっていたものです。その前にもあった。だからその，10代になる前からです。同じようなことがです。両親が私を，モールとか，路上でのお祭りとか，どこか公共の場所へ連れていこうとすると，私は行く途中の車の中で惨めに感じていました。

セラピスト　なるほど。では，昔からこういう経験があるのですね？

クライエント　ええ，長い歴史がね。

セラピスト　あなたがこれまで行ってきたことというのは，いわば，自分の人生をそれに譲り渡すことだったということでしょうか？　それが何であるかはともかくとして，そういう表現は妥当ですか？　そして，あなたがここに来られて，何か別のことが起こりうる余地を作るために，私たちはここ何週間か一緒に取り組んで，この瞬間のために準備をしてきましたね。

クライエント　それが，やりたかったことです，はい。

セラピスト　そうですね。

クライエント　私はたくさんのことを手に入れ損ねてきました。冷静でいられないせいで，他の人たちがやっていることができないんです。

セラピスト　わかります。

クライエント　他の人たちが行くところへ出かけるとか。

セラピスト　そうですね，だから，私たちは今，それに取り組もうとしているのです。もはや行動を起こせるところまで来ています。ちょうど今のような思考が思い浮かんできたとき，あなたは何をしますか？　というのも，あなたはまだそこまで到達していないからです。私たちは実際にはまだ，思考が浮かび上がってくる状況まで来ていないのです。それでも，思考が知覚されるところには来ています。

クライエント　はあ。

セラピスト　ここまではよろしいですか？

クライエント　ええ，大丈夫です。

セラピスト　けっこうです。では，ちょっとスピードを落として，よく観察してみましょう。やってみたいことがあるのです。今ここで歴史（訳注：前ページのクライエントの言葉「ええ，長い歴史がね」を引用している）を作るのです。マインドがどのように機能するかということをとらえるためにね。そのために少し……おもしろいことをやってみませんか？

クライエント　ええ，先生がお望みなら。いいですよ。

セラピスト　わかりました。ここにペンがあります。

クライエント　ええ，そうですね。

セラピスト　これは，実はしゃべります。「ウー」と言えるのです。

クライエント　ペンが「ウー」と言うのですか？

セラピスト　いいですか？

クライエント　わかりました。

セラピスト　これは何と言いますか？

クライエント　「ウー」。

セラピスト　けっこうです。ちょうど今私たちはこれを2回やりました。来週，この場に戻って，私が席に着いて，「これは何としゃべりますか？」と質問したら，あなたはどう答えると思いますか？

クライエント　「ウー」と答えるでしょうね。

セラピスト　来月だったら？

クライエント たぶん，まだ「ウー」と答えるでしょう。……で？

セラピスト 来年はどうですか？ 可能ですか？ 私たちはたった15秒程度やっただけです。来年，私が「これは何としゃべりますか？」と尋ねたら，それを思い出せますか？

クライエント はい。たぶん，それは「ウー」と言うのだと，まだ答えるでしょう。

セラピスト あなたはこれまで，こういうマインドの仕組みと戦ってきました。そして私たちはこの日を迎えました。さて，何が起きると思いますか？

クライエント ああ，わかりました。私はずっと，自分は人ごみの中に入ると頭がおかしくなってしまうと考えてきた。そして，ここで，またそれが起こっている。つまり，自動的にそれを考えているということですね。

セラピスト そのとおりです。もし自動的に考えるということがすでに決まっていることだとしたら……？ もし，その決まっていることをムリヤリ覆そうとしているのだとしたら……？ 私たちは決してそんなことは望んでいません。しかし，心の中でその努力に自分の人生を捧げてしまったために，あなたはここに来ることになったのです。そのためにこれまでどんな代償を払ってきたか，すべて思い出してみてください。では，何か違うことをできるかどうか，考えてみましょう。少し時間をかけて，これがいかに古いものかということと，それに関連する代償に，いわば，触れてみてください。ここまではよろしいですか？

クライエント はい。

セラピスト このペンは何としゃべる？

クライエント ウー。

セラピスト メリーさんの……？

クライエント 羊。

セラピスト モールに行くと，私は……？

クライエント 頭がおかしくなる。

セラピスト けっこうです。ものごとの働きは，そうなるべくしてそうなっ

ているのです。あなたのマインドは完璧に機能しています。あなたのマインドは，マインドがするべきことをきちんとこなしているのです。

クライエント はあ。

セラピスト それはあなたの敵ではありません。敵だと思いますか？

クライエント いいえ，いいえ。起きるべきことが起きているだけなんでしょうね。

セラピスト 〔間〕そうですか？

クライエント その，もし，ペンが「ウー」と言うのだと2秒間で覚えられるのなら……。

セラピスト そうですね。では，ここでお尋ねしたいことがあります。これから席を立って，私たちが合意したことをしに行こうかと思いますが，どうやらあなたのマインドも関わっているように思われます。私たちがこれをしたのは，「ミスター不安」を探すためでした。そうですよね？

クライエント そのとおりです。

セラピスト 私たちは，これまでと何か違うことをやろうという，まさに転換点にさしかかっているようです。そしてお聞きしたいのですが，あなたには，これを進んでやろうというお気持ちがありますか？　まずワークを進めながら，いったい何が現れてくるか，私に教えてください。あなたのマインドがそのような恐ろしい未来を作り上げていく中で，あなたにその働きぶりを実際に観察し，ただ気づいていただきたいのです。まるで，壊れやすいものを運ぶように，です。ただそれに気づいていただきたいだけです。それはあなたの敵ではなく，またあなたの上司でもないように，です。それはあなたのマインドであって，それがするべきことをしているだけなのです。そのつもりで，それを進んでやってみるお気持ちはありますか？　そこに何があるのか，確かめてみましょう。それが進んでいくさまを観察してみましょう。

クライエント ええ，試すのはかまいませんよ……。

セラピスト 「でも……」と言っているように感じましたが，いかがですか？

クライエント ええ，私のマインドがそう言ったのだと思います。外から蹴破

って入ってきて，私に言っています。そんなことをしたら，私はバラバラになってしまうだろうって……。

セラピスト　よくキャッチしましたね。私が「よくキャッチしましたね」と申し上げたその瞬間に浮かび上がってきた考えも，同じようにキャッチしてください。ここまではよろしいですか？

クライエント　ええ。

セラピスト　けっこうです。

❚❚ DVDを一時停止！

ここでDVDを一時停止してください。
この例はACTに合致していましたか？　合致していませんでしたか？　あるいは，どちらとも言えないものでしたか？　そう考えた理由は何でしょう？
あなたの回答とセラピストからの回答を比べてみてください。

▼ **セラピストからの回答**　　　　　　　　　　　　　　　25:55

　これはACTに合致する対応です。ここで何を行っていたかというと，当の人物とそのマインドの間に距離をおくという感覚を得ようとして，いくつかのACT技法を用いました。お気づきになったかもしれませんが，当の人物がいくつか，難しい，あるいはややこしいと言ったことに対して，私はただ「そうですか」とだけ答えています。まるでそれが本当は彼の敵ではないかのように，です。そして，それが存在していることにただ気づくという，一種のマインドフルネス・プロセスを行いました。さらに，彼のマインドは必ずしも常に彼の友というわけでもなく，また彼の敵でもないということに気づくような，過去の経験に関するワークも行っています。しかし，内的体験と戦っているときにはとくにそうですが，このような習慣的思考パターンではなくて，行動を導く新しい方法に焦点を当てることも必要となります。

▶ **場面2**　　　　　　　　　　　　　　　　　　　　　　　　26:44

セラピスト　さあ，いよいよ今日ですね。

クライエント　ええ，そうだと思います……。

セラピスト　「ミスター不安」を探す日。

クライエント　ええ。でも，できるのかどうか，自信がないです。これをやり遂げないといけないんだと考えると，先週以来，どうにも気が気でなくて。できる自信がないんです。その，胸が締めつけられる感じがするんです。背中を冷や汗が流れていくように感じます。体がすくんでしまっているんです。わかるでしょう……？

セラピスト　あなたは，自分が何を恐れているのか，わかりますか？　どのようなことなのでしょうか？　実際にそこに行ったら，何が起こるのでしょう？

クライエント　頭がおかしくなってしまいます！　入り口を入る前に頭が変になってしまうと思います。

セラピスト　頭がおかしくなるというのは，どういう意味ですか？　何が起こるのですか？

クライエント　わかりません。失神するとか？　気が狂うでしょう。人ごみは嫌いです。たくさんの人に囲まれているのは大嫌いです。確かに私は，やると言いました。そこに出かけると計画したこともわかっています。でも本当に，あまりにも大変です。とてもできません。

セラピスト　わかりました。あなたがそのようにお考えになったとしても，驚くことではありません。これは古い思考，そうですね？　つまり，それがあなたの出発地点だったわけです。あなたはずっとそのように考えてきた……。

クライエント　ええ，そうです。それが真実じゃないというわけでもないと思うのです。でも……。

セラピスト　では，1つ質問させてください。その真実という点についてです。真実というのは，実にさまざまなことを意味します。この長い年月，ず

っとそのように考えてこられたようですが，実際に頭がおかしくなったことはありますか？

クライエント　いいえ。ありませんけど，でも，たいしてやってもいないですから。

セラピスト　そうですよね……。

クライエント　その，1度か2度……。

セラピスト　それでは，実際のところは，果たしてそれが本当に真実なのか試してみることもできずに，今に至るわけですね。

クライエント　ええ。その，1，2度，人ごみの中で少しだけ過ごすことができました。

セラピスト　それでは，こう表現するのは妥当でしょうか？　あなたの知る限り，これは単なる思考にすぎない，と。あなたが抱いている単なる思考なのだと。

クライエント　そうですね，確かにそのとおりだと思います。絶対にそうなるという根拠は何もないのですから。ただ，そうなりそうだと猛烈に感じられることは確かですけど。

セラピスト　それは大切なことですね。私たちがそこに行く際に，しっかりと心に留めておいた方がよさそうです。では，あなたのマインドがあなたに働きかけてきたときには，これが単なる思考であるということを思い出してください。あなたの知る限り，それは真実ではないのですから。つまり，じかに知る限りでは，ということです。

クライエント　はい。そうだと思います。

セラピスト　けっこうです。そう，真実ではないのです。このことを少し違った観点から見るために，おもしろくて，ちょっとバカバカしいことをしてもよろしいでしょうか？

クライエント　はい。

セラピスト　私たちは何か違うことをしなければいけませんよね。そうでないと，何も違うものは得られません。

クライエント　それはもっともです。

セラピスト　では，好きな漫画のキャラクターを教えてください。
クライエント　ドナルド・ダックです。
セラピスト　わかりました。ドナルド・ダックですね。では，こういった思考は，実際にはドナルド・ダックが言うことだと考えてみましょう。私たちがモールに行ったら，どのような考えが現れてくるでしょうか？いったい何が起こるでしょうか？
クライエント　まず車を降りて，モールの入り口に向かって歩き始めます。そして，あとは大変なことになるだけです。おぞましいことになります。
セラピスト　なるほど，では，ドナルド・ダックが言うのですね，〔ダックの声で〕「あとは大変なことになるだけ」
クライエント　ハハハ，くだらないですね。
セラピスト　ええ，あなたの知る限り，その思考も同じようにくだらないのです。つまり，真実なのかどうかわからないのに，単なるくだらないことに自分の人生を委ねてしまおうとしているのです。〔ダックの声で〕「それは大変だ」。他にどんな考えが浮かびますか？　今，心の中で実際にそのモールに行くことができますか？　そして，ドナルド・ダックの声で，自分の考えを思い浮かべることができますか？　そうすれば，単なるくだらないものとして見られるようになるでしょうし，それによって思考から少し自由になれるかもしれません。思考に自分の人生を委ねてしまうと，いったいどのようなことが起こるのか，あなたはご存じなのですからね。
クライエント　はあ，ええ，かなりくだらない思考だと思います。その声をそんなにうまく出せるかどうか自信ありませんけど……。
セラピスト　それは，若い頃まじめにやっていなかった成果ですよ。他にどんな思考がありますか？　もし，モールに行くと……。
クライエント　もしモールに行ったら，過呼吸になってしまうでしょう。
セラピスト　〔ダックの声で〕私は過呼吸になってしまうでしょう。それは大変だ。
クライエント　ええ，先生がどうしてそんなことをおっしゃるのか，わかりま

認知的フュージョンを弱める 21

す。ええ。

セラピスト 私はただ，あなたがそれに悩まされたときのために，このことをちょっと心に留めておいてほしいのです。そうすれば，あなたの知る限りこの思考は真実ではない，ということを思い出せるでしょうからね。そして，思考がしてきたことをそのままやらせておくのは，ある意味，バカバカしいことです。その思考が何であるかを私に伝えていただければ……あなたがそれを頭の中でつかまえられれば，私がそれを大きな声で言ってあげましょう。私はたぶん，思考の大半をドナルド・ダックの声で言えると思いますよ。さて，進んでそうしてみようというお気持ちはありますか？

クライエント たとえ，気持ちがまぎれるだけだったとしても，そうしたらずっと楽になるでしょうね，それは認めなくてはいけませんね。

セラピスト そうなるかもしれません。そうなるかも。どうです，試してみませんか？

クライエント わかりました。

> ▌▌DVDを一時停止！
>
> ここでDVDを一時停止してください。
> この例はACTに合致していましたか？　合致していませんでしたか？　あるいは，どちらとも言えないものでしたか？　そう考えた理由は何でしょう？
> あなたの回答とセラピストからの回答を比べてみてください。

● セラピストからの回答 ●　　　　　　　　　32:37

　この対応は，ACTの技法は使っていますが，ACTに合致していません。ACTの本を何冊か読んだだけで理解できた気になって，おそらく伝統的な認知行動療法（cognitive behavioral therapy; CBT）と混ぜ合わせようとしているのでしょう。しかし，次の2つの点から，ACTに合致しない対応

であったことがわかります。

　例えば，頭がおかしくなるということの確からしさを取り上げて，そう考えることは思考にすぎないということを心に留め，まるでそう信じることで他の思考を払いのけるというようなことは，ACTではしません。その他，少々脱フュージョンの技法，ブッシュ大統領のまねをするような……エクササイズを用いた部分がありますが，思考を追い払おうとするかのように，思考を矮小化してバカにするために，思考を卑下するために使っています。ただ思考に気づくだけとか，あるいは違った観点から気づくという使い方にはなっていません。

　ですから，この対応はACTにやや合致して見えますし，いくつかの特徴も見られますが，思考をコントロールして排除しなければならないという前提が少々混ざってしまっています。これでは，ACTモデルのワークとしては，軸がブレてしまっています。

　それでは，**コンピテンシー9**（●本書 p.92，ACTをまなぶ p.151）に進みましょう。「マインドであれこれ考えること（mindiness）」，言いかえれば，セッション中に起こるクライエントと認知とのもつれ合いを突き止めることになります。

　次の場面は，大学生とのものです。彼女はキャリアの選択に迫られているのですが，自分の専門にまだ確信がなく，複数の選択肢の中でどれにしたらいいか迷っています。

▶ 場面3　　　　　　　　　　　　　　　　　　　34:18

セラピスト　さて，その「決断」について，もう少し教えてください。
クライエント　その，選択をすることになっているので，とても不安です。あと1学期しか残っていないんです。果たして自分は正しい道に進んでいるのか，そこに確信がもてないので心配です。間違った決断はしたくな

いんです。それに，両親から言われていることがあって。おわかりになるでしょうが，父には私にやってほしいことがあるのです。それで何だか振り回されているように感じます。先生たちから言われることもありますし，自分が6人もいて，違うことをしようとしているみたいな感じです。

セラピスト なるほど，なるほど。それらを2つだけに絞るとしたら，何と何ですか？

クライエント その……結局は，家族です。それに友だちもほしいですし，私はまだ若いですから，キャリアの選択をして成功だってしたいですし。

セラピスト ああ，わかりました。どれがより重要だと思いますか？

クライエント 自分が愛している人やもののまわりにいるときの方がずっと気分がいいことは明らかです。でも，いつも，キャリアが最も大切なものだとも言われてきたんです。それにお金を稼ぐことも。でも私は，自分が失敗しているように感じています。

セラピスト なるほど。1つをやれば，他のものは手に入らないように思われるのですね。果たしてそれは本当に真実なのか，疑問に思います。あなたは両方可能なのではありませんか？　それは……。

クライエント 私は，学業に専念するとなれば学業に専念します。だから，どうしても時間がないのです。

セラピスト 確かに時間はかかりますが，永遠というわけではないでしょう。

クライエント そうではないですけど，でも今のところは。

セラピスト そのことについて話をすると，不安な気持ちが出てくるようですね。

クライエント ええ，そうです。いったい何が正しい道なのか，まったくわからないんです……。

セラピスト 私にもわかりません。たぶん，あなたはここでただ，自分の心にしたがうだけでいいのではないでしょうか。ただ選択をするだけです。あなたはこれまで，どれほどあれこれ迷ってきたのでしょう。なかなか決断できない，という感じですね。

クライエント ええ。高校のときにどの大学に進学するかを選ばなければならなかったときからずっとそうだと思います。

セラピスト わかりました。'Just do it'（ただやるだけ）というのがありますが，それ以外に何か方法はありますか？

クライエント わかりません。ただやるということはしている気がします。それでも何も変わらないのです。

セラピスト なるほど。ひょっとしたら，考える幅が狭くなっているのかもしれませんね。

クライエント 基本的なところは全部カバーしていると思うんですけど。

セラピスト そうですね……。

> **‖ DVDを一時停止！**
>
> ここでDVDを一時停止してください。
> この例はACTに合致していましたか？ 合致していませんでしたか？ あるいは，どちらとも言えないものでしたか？ そう考えた理由は何でしょう？
> あなたの回答とセラピストからの回答を比べてみてください。

• セラピストからの回答 •　　　　　　　　　　　　37:05

　この対応は，ある意味，正常なやりとりでしたが，ACTモデルにはあまり合致していません。私たちは，代償あるいは利益は何なのかを，何らかの方法で尋ねることになります。両方を手に入れる方法はあるだろうか？ あなたはただ前進せねばならない，選択をするのだ，と。ここでは，「選択する」など，ACTの言語も一部に入ってはいました。しかし，ここでのミスは，2人ともが内容に全面的に入り込んでいるという点です。それに余裕なく強迫的に行っているので，解決策が見つかる可能性は少なくなってしまいます。ある選択肢に焦点を当てると，別の選択肢が前面に出てきます。その選択肢に焦点を当てると，もう一方が背面に退いたり，また前

面に出てきたりするのです。内容に入り込んで，それから本人に選択を迫るというのでは，おそらく，本人が自分自身に対してしていることと同じになってしまうでしょう。

▶ 場面4　　　　　　　　　　　　　　　　　　　　　　　37:59

セラピスト　さて，この選択の中に何があるのでしょう？

クライエント　何だか，自分が2つに引き裂かれてしまうような感じです。家族や友人たちを喜ばせようとして，でもキャリアを選択しようというモチベーションももとうとしていて。まだ自分が何をしたいのか，わからないんです。

セラピスト　そうですね。そう言っている今このときも，ある意味，私たちはおしゃべりの世界に入り込もうとしているような感じがします。言語だらけのスペースに入り込んでいるように感じませんか？

クライエント　ええ……。

セラピスト　単に比喩的にですが，「私は正しいことをしているのだろうか」ということについてのあなたの思考がどれほど近いか，というように表現したらどうでしょう。思考がどれほど近いかの比喩として距離を用いたとしたら，私には思考がまさにここにあるという感じがします。

クライエント　ええ。何も見えなくなってしまうくらい。

セラピスト　ええ，そのとおり。いつもこんな感じですか？

クライエント　ええ。

セラピスト　では，この領域だけのことではないのですね？

クライエント　はい。

セラピスト　決断や選択に関しても。では，それに気づく意味はあるでしょう。それは，あなたのマインドの機能の仕方なのです。たぶん，あなたのマインドはあなたを守ろうとしているのでしょうが，何かまたおなじ

みのことをしているのでしょうね。私たちが，あなたのマインドのしていることにもっとオープンに気づくようにしてみたら，何が起こるでしょうか？　また，身体や感情の中であなたに起こる変化にも気づくようにしたらどうでしょうか？　あなたが，それをそこで，いわば抱きとめようとしていることに気づくように……。

クライエント　ええ，ええ。

セラピスト　……この決断を今しなければならないことのように。

クライエント　ええ。

セラピスト　それでは今度は，あなたのマインドが物のように浮かび上がってくるのを観察してみてください。それを観察できるかどうか，試してみるだけにしてくださいね。

クライエント　わかりました。

セラピスト　さて，あなたは実際，選択をしないといけないんですよね。人生には限りがある。何もかもすることはできません。

クライエント　そのとおりです。

セラピスト　そのとおりですね。

クライエント　ええ。

セラピスト　そして，それはちょっぴり恐ろしい。

クライエント　ええ。

セラピスト　今，あなたのマインドはあなたに何を言い始めていますか？

クライエント　私が1つの道に進もうと明確な決断をするたびに，別のものが取り残されることになる気がします。だから，手に入れられなくなってしまうものをつかんで放すまいとしてしまうのです。

セラピスト　なるほど。では，それをつかまないでください。すぐ近くに来すぎてしまいますからね。ただそれに気づくだけにしてください。

クライエント　わかりました。

セラピスト　大丈夫ですか？　私は正しい決断をしたのかわからない……その中には何があるんだろう……そのような思考を抱くことは大丈夫ですか？

クライエント　知らないというのは，怖いです。

セラピスト　ええ，ええ，そうですよね。

クライエント　でも，それは私がどうこうできることではないと思います。

セラピスト　ええ。では，それはちょっぴり怖いということにオープンになってみましょう。あなたが選択をするのです。あなたはドアを開けます，そして他のドアは閉めます。

クライエント　はい。

セラピスト　「それは怖い」という，その感覚もです。それは大丈夫ですか？　あなたがキャリア選択をする際に起こると思っていなかった何かが，ここにありますか？　それは怖いとは思っていなかったものですか？

クライエント　あの，怖いです，だから……。

セラピスト　そうですよね，ええ。では，それに対してちょっとオープンになれるかどうか，試してみましょう。その感情もあってOKなのだということです。何も間違ったことはしていません。それは，ここで何か悪いことが起こっていることを示すサインではないのです。

クライエント　わかりました。

> **‖DVDを一時停止！**
>
> 　ここでDVDを一時停止してください。
> 　この例はACTに合致していましたか？　合致していませんでしたか？　あるいは，どちらとも言えないものでしたか？　そう考えた理由は何でしょう？
> 　あなたの回答とセラピストからの回答を比べてみてください。

● セラピストからの回答 ●　　　　　　　　　　　　4:10

　この対応では，私たちはマインド支配のプロセスをとらえようとしていました。答を出すこと，問題を解決することへ人を引きずり込むプロセスです。それがうまく機能する分には問題ありません。しかし，今回のよう

に，慢性的に行き詰まって強迫的になっている場合，おそらく，それが役に立つことはないでしょう。そこで私たちは，逃げ出していくそれをキャッチして，ちょっと距離をおくのです。このクライエントとはすでにいくらかのワークをしてきているので，彼女はこれらのスキルのいくつかを使って，自分の思考を見始めることができます。そして，自分の気分に対して少しオープンになることができるのです。そうすることで，実際に怖いことを詳しく探っていくための，より柔軟で融通の利く方法を獲得できるのです。実際に怖いことというのは，人生は無限ではないということです。人は選択をするとき，いくつかのドアを開けます。そして他のドアは閉めてしまうものなのです。(訳注：**場面4**の対応はACTに合致しています)

「今，この瞬間」との接触

⬛ ACTをまなぶ 第**4**章

| セラピスト　　ロビン・ウォルサー |

　これからお見せするいくつかの場面では，第4章「今，この瞬間」の内容に取り組んでいきます。ここでは，クライエントが「今，この瞬間」に接触するようにするとともに，自分の過去や未来の中で時間を過ごしすぎることのないよう支援していきます。また，クライエントがその瞬間を現在進行中の体験としてとらえるようにします。そうすることで，自分のマインドが過去や未来に関して言うことにとらわれるのではなく，気づきを得て，「今，この瞬間」と接触することができるようになるのです。

　とくにこのコンピテンシーでは，クライエントが「今，この瞬間」に接触できるように支援することに焦点を当てます。ここで一緒に取り組んでいるクライエントは，孤独感の中で多くの不安と悲しみを抱えています。彼女はまた，自分はもうそれには耐えられない，とも感じています。

▶ **場面1**

クライエント　たくさんの人たちと一緒に同じ部屋にいても，自分ひとりでいるみたいです。友人がほしいし，外出だってしたいんです。でも，ひたすら孤独に感じます。何をしていても，です。自宅にいるときなんか，本当に不幸で孤独です。でも，誰のそばにいることもできないのです。

セラピスト　「何をしても孤独に感じる」とおっしゃいましたが，そこまで戻っていただけますか？　もう一度，その言葉をおっしゃってくださいま

すか？　もう少し，ゆっくりと。

クライエント　あの，でも……今までは，私に電話をしてくれる人たちがいたので……。

セラピスト　お話の途中ですが，すみません，もう一度，お尋ねしてもいいですか？

クライエント　あ，はい。

セラピスト　……では，あなたを「今，この瞬間」に，孤独が姿を現すスペースに戻せるか，試してみましょう。私のために，「私は孤独を感じている」と1回言ってください。

クライエント　私は孤独を感じている。

セラピスト　そうです。そして，その場に留まってください。〔間〕あなたの身体がどんな反応をしているかに気づいてください。あなたの両手に気づいてください。息を吸い込みながら，そのかすかに揺らめく光に気づいてください。

クライエント　はい。

セラピスト　あなたの瞳の中にあって，そしてあなたのほほをこぼれ落ちる涙の感じに気づいてください。〔間〕この体験とともに，ただこの瞬間に留まっていましょう。

クライエント　難しいです。〔ため息をつく〕

セラピスト　今度は，あなたのマインドが「今，この瞬間」にそう言ったということに気づいてみてください。今，ため息をつきましたね？

クライエント　ええ。

セラピスト　あとちょっとの間，それと一緒にいてください。

クライエント　もう……感じました……。

セラピスト　もう一度，スピードを落としましょうか。とても穏やかな態度で……。

クライエント　ええ。

セラピスト　……とても穏やかな態度で，留まって気づいてください。それだけです。〔間〕あなたの息に。〔長い間〕ご自分の観察をするとき，息

が変化していることを感じられますか？　出入りするのがわかりますか？

クライエント　ええ。

セラピスト　ここで気づいたのは，プロセスとして，あなたは瞬間瞬間の感覚を体験していることです。悲しみの感覚，手は動いていて，涙がほほを伝っているという感覚です。あなたの体験があなたに語っているのは，あなたはそれに耐えられるということ，それは変化し続けているということです。

クライエント　ええ。

> ‖DVDを一時停止！
>
> 　ここでDVDを一時停止してください。
> 　この例はACTに合致していましたか？　合致していませんでしたか？　あるいは，どちらとも言えないものでしたか？　そう考えた理由は何でしょう？
> 　あなたの回答とセラピストからの回答を比べてみてください。

● セラピストからの回答 ●　　　　　　　　　　　46:43

　この場面では，ACTに合致する対応を行いました。本質的に，クライエントがその瞬間に留まるように支援しました。そのプロセスが起きるように，話を穏やかに中断しても大丈夫です。セラピストはクライエントの話を中断すべきではない，と教えられていることから，そうすることを避けようとすることがあります。しかし，ある種の文脈や状況で話していると，クライエントが自分の体験から離れて，今，本当に起こっていることから離れてしまうことがあります。何が起きているのかを説明し，この瞬間から次の瞬間へと起こっていることに気づかせることでクライエントがその場に留まるのを助けること——このような穏やかな中断は，クライエントがその瞬間と接触するのを助ける方法となるのです。その上，これは，瞬

間瞬間に発生する現在進行中の体験にクライエントが接触するのにも役立ちます。そうすることで，気分はより重いものから軽いものへと変化し，ある瞬間には自分の涙がほほを伝っていることに，そして次の瞬間には両手をギュッと握りしめていることに気づくのです。ここでもまた，体験のその瞬間に進行中のプロセスを確認することができるのです。

　1カ所，小さなミスをしたと思うところがあります。彼女にそれを「私のために」やってくださいと求めたときのことです。普段なら，このようなことを私はしないでしょうし，他の方にもそうするよう勧めることはないでしょう。なぜなら，自分の人生でどこを目指すかという点を考えて，彼女が「彼女自身のために」すべきことはどんなことなのかというのが，ここでの本当のテーマだからです。

▶ 場面2　　　　　　　　　　　　　　　　　　　　　48:21

クライエント　たいていの時間は，とても孤独に感じています。人といても。それでもひとりぼっちなんです。それに，私が部屋に入っても，誰も気に留めないし，気づいてもくれないような気がするんです。

セラピスト　では，そこから始めましょう。あなたが部屋に入っても誰も気づかないという点です。

クライエント　ええ。

セラピスト　それで，どのような感情が生じますか？

クライエント　わかりません。悲しみ……？

セラピスト　あなたは今，悲しみを感じていますか？

クライエント　ええ，少し。

セラピスト　では，あなたがたった今感じていること，ささやかなものでもです，それとともに留まってください。それと向き合ってください。

クライエント　私は，みんながまとまるようにと必死に努力していることが多

いように感じます。そしてグループの中にいて何かをまとめようとしているときでも，結局，私を除いたグループ全体が意気投合してしまうようで，私はいつも蚊帳(かや)の外なのです。
セラピスト 他にはどの領域で，あなたは蚊帳の外になっていますか？
クライエント 職場です。会議か何かをしているんだなってことはわかるんですけど，結局，何かのことで自分の考えに没頭してしまって，で，会話を聞きそびれてしまうんです。それで，みんなが笑い始めるんですけど……，私にはいったい何があったのかまったくわからないのです。
セラピスト そういうことは，いつから問題としてありましたか？
クライエント 小学生のときにもありました。運動場でとか。
セラピスト わかりました。では，そのことについてお話ししてください。これがどのように起こるのかについて，あらゆることを，です。
クライエント 3年生のとき，男子がやっていたフラッグ・フットボール（訳注：アメリカンフットボールを安全に行えるようにしたスポーツ）のために，私は，チアリーダーのグループを結成しようとしたんです。全部，私がとりまとめたんです。そして，新しいチアグループを披露するために運動場に出ていったんです。そうしたら，フラッグ・フットボールの男子はとても気に入ってくれたんですけど，そのあと「全員採用したいな……でも，おまえ以外な」って言ったんです。私の考えだったのに。
セラピスト そうですか。
クライエント それで結局，また蚊帳の外になったのは私だったんです。そのとき，私は本当にがんばって……。
セラピスト では「蚊帳の外」というのは間違いなく問題の一部ですね。蚊帳の外にいるということが。
クライエント ええ。
セラピスト あなたがもうこれ以上蚊帳の外にならないような，そんな方法を考えてみることもできると思いますよ。

> ‖DVDを一時停止！

　ここでDVDを一時停止してください。
　この例はACTに合致していましたか？　合致していませんでしたか？　あるいは，どちらとも言えないものでしたか？　そう考えた理由は何でしょう？
　あなたの回答とセラピストからの回答を比べてみてください。

● セラピストからの回答 ●　　　　　　　　　　　　　　　　　5:23

　場面2では，まず，クライエントに自分の体験していることに向き合ってもらい，ACTに合致した動きからスタートしています。けれども，その後，クライエントが語り始めたとたん，ACTからそれてしまいました。セラピストはクライエントの語っている内容にとらわれてしまったのです。これを**場面1**と比べると，**場面1**ではクライエントにその瞬間に留まるように求めており，そこには，もっと活力のある，生き生きとした感情のつながりがあるように思われました。しかし**場面2**では，私が彼女の話している内容にとらわれて離れてしまっています。彼女は泣いていますが，過去について泣いているのです。チアリーダーの話のことで泣いていますが，そこにはある特徴があります。その瞬間には，活力やオープンさ，ユニークさが失われているのです。彼女を過去から引き出して今ここへ戻すために，スローダウンして再び現在に存在するように，もう一度，その瞬間に体験していることと向き合うように求めることもできたでしょう。

　次の場面では，**コンピテンシー3**（本書 p.92, ACTをまなぶ p.195）をやってみたいと思います。このコンピテンシーでは，クライエントが自分の体験を現在進行中のプロセスとしてとらえられるよう，ともに取り組んでいます。クライエントが瞬間瞬間に対して向き合えるようになるためです。このクライエントは，年をとることを非常に心配しています。手遅れになる前に人生で

ものごとをやり遂げたいという点で，どこか切迫した様子が見られます。

場面3   53:11

クライエント 私にはそんなに時間がないんだ。ある朝目が覚めて，気づくと57歳だぞ。まだその準備はできてない。しなきゃいけないことを何でもやって，忙しくし続けているんだよ。向き合いたくないからさ。どんどん年をとって，毛は抜けていっちまう。もうウンザリだ。嫌だ。準備ができていない。まだ年寄りになる準備はできてないんだ。

セラピスト わかりま……。

クライエント いいや，わからないよ。わからないさ。私はもう57歳なんだ。わかるか？

セラピスト ええ，私がしたいこと……。

クライエント 57！ どうやって私は……。

セラピスト 私がしたいことは……。

クライエント 生きているうちにやらなきゃいけないことが，まだありすぎるんだ。私には準備ができていない。

セラピスト お話し中ですが，ちょっといいですか……？

クライエント 先生はわかっていない，そうでしょう？

セラピスト ……そして，それが何であるか，ただ気づ……。

クライエント しっかり気づいているさ，それが何かってことぐらい……。

セラピスト はい。

クライエント ……私は……。

セラピスト ちょっと，休んでください。さあ，深呼吸して。

クライエント わかった。

セラピスト そして，このことについて話しているとき，それはどのような感じなのか，そこに意識を向けてください。私には，プレッシャーと切羽詰まった感じがするのですが。

クライエント 不安です。

セラピスト あなたはそれに気づいているのですか？ どこでそれを感じますか？

クライエント プレッシャー？

セラピスト ええ。どこに感じますか？

クライエント 心臓に感じるな。

セラピスト それにここで向き合っていていただきたいのです。

クライエント 座ってこんなところにいる時間なんか，そんなにない。

セラピスト ええ。そのことにも気づきを向けてください。それとともに，どのような感情が現れますか？

クライエント 悲しみ。それから失敗。こんなふうにして死にたくない。

セラピスト では，そこに留まって，「今，ここ」に気づき，「今，この瞬間」に気づいてください。そして，この瞬間に自分がそれらに向き合っていることに気づくことで，ある変化が起こりました。……切迫感が消えていませんか？

クライエント ……！ ……ああ，……確かに。

> **‖ DVDを一時停止！**
>
> ここでDVDを一時停止してください。
> この例はACTに合致していましたか？ 合致していませんでしたか？ あるいは，どちらとも言えないものでしたか？ そう考えた理由は何でしょう？
> あなたの回答とセラピストからの回答を比べてみてください。

● セラピストからの回答 ● ──────── 55:28

　この最後の場面では，「今，この瞬間」と接触できるようにクライエントとともに取り組んでいます。それにはクライエントをスローダウンさせて，自分の行動を観察させることが必要でした。この接触で，クライエン

トは切迫感を体験的にスローダウンしました。ここではクライエントに対し，この瞬間を，今ここで展開していく中で体験するよう望んでおり，その点でACTに合致しています。そのため，実際，切迫感は弱まりますが，これはクライエントにとっての長期的目標ではなく，その瞬間に向き合うことで起きる体験に気づくということなのです。

概念としての自己と文脈としての自己を区別する

> ACTをまなぶ 第5章

| セラピスト | ジェイソン・ルオマ |

　これからご紹介する場面は第5章の一部で，内容としての自己（訳注：「概念としての自己」と同じ）と文脈としての自己を区別していきます。これらの場面ではすべてに共通して，クライエントが自分の思考と自分の役割あるいは気分といった自分自身についてのその他の概念をよりうまく観察し，区別できるよう支援しています。また，クライエントが自分の思考を，それが生じる文脈，領域，もしくは場としての自己の体験と区別できるようにも支援します。今回のロールプレイでは，フィルというクライエントと一緒に取り組んでいきます。彼は，慢性的なうつ病で，最初にセラピーを訪れたときには，自分自身についてもっと気分良く感じるようになりたいという思いに焦点をおいていました。彼は，自分自身についてより良く感じるようになって，人生でどんどん前に進んでいけるようになりたいと願っています。

　場面1は，第5章の**コンピテンシー1**（ 本書 p.92，ACTをまなぶ p.239 ）を反映しています。この章では，クライエントが意識の内容を意識そのものと区別するのを支援する，ということについて説明しています。ここでは，これをセッションの流れの中へと織り込もうとしています。

▶ 場面1

セラピスト　フィル，私たちは，自分自身についてもっと気分良く感じるようになりたいという問題に取り組んできました。あなたは，そうなるよ

うに懸命に努力していると言ってセラピーを訪れました。そして長い間，努力してきましたね。

クライエント　生まれてからずっとやってきたように思えます。

セラピスト　ええ，そう思います。実を言うと，それに関連する，あるエクササイズに挑戦してみたいと思っています。あなたにそのお気持ちがあれば，なのですが。自分自身について気分良く感じるようになれれば本当に心の平和を見つけることができるのかを確かめるためにです。どうでしょう，一緒にエクササイズを進んでやってみようというお気持ちはありますか？

クライエント　今は，何だって進んでやってみようという気持ちですよ。人生を楽しむためになら。そうでしょう？

セラピスト　わかりました。

クライエント　常に迫ってくる運命，暗雲のようなものから，私はどうにも逃げられないみたいです。

セラピスト　私があなたにやっていただきたいことというのは……私がこれからいくつかの言葉を言います。あなた自身についての言葉です。私がその言葉を言ったときに，あなたの頭，もしくはマインドがどのような反応をするかに気づくようにしていただきたいのです。

クライエント　わかりました。

セラピスト　いいですか？　では，最初は「私にはいくつか良いところがある」。

クライエント　ええ，でも……わからない……私はいつも暗い面に行ってしまうので。

セラピスト　そうですか。それでいいですよ。私が何か言葉を言ったときに何が浮かび上がってくるかに気づいていただくだけでいいのです。よろしいですか？　では次は「私はかなり良い人間だ」。

クライエント　〔間〕私は……すみません，難しいです。〔間〕私は良い人間です。でも，問題がたくさんありすぎて……。

セラピスト　そうですか。それで，いいのです。次は，「私は完璧な人間だ」。

概念としての自己と文脈としての自己を区別する　41

　　はい，何が現れましたか？　どんな反応でしたか？　たった今のあなたの反応です。

クライエント　ああ，わかりましたよ。

セラピスト　わかりましたか？　私たちは今ポジティブな面に向かってみました。あなたはいわば，長い間，自分自身について，そのようなポジティブな評価をもとうと努力してきたのですよね？

クライエント　はい。

セラピスト　けっこうです。では，逆の方向に行ってみましょう。「私にはいくつかの欠点がある」。あなたの即座の反応はどうでしたか？　「そのとおりだ」という感じでしたか？　「はい，私にはいくつか欠点があります」と？

クライエント　誰にでも欠点はあるのではないですか？

セラピスト　わかりました。「私には多くの問題がある」。

クライエント　でも……私は誠実です。

セラピスト　けっこうです。では，これはどうでしょう。「私は完全に，どうしようもなく価値がない」。

クライエント　でも，私には良いハートがあります。

セラピスト　けっこうです。何が起こったか，お気づきになりましたか？

クライエント　はい。

セラピスト　何が起こったかというと，私たちはまず，比較的中立的な言葉からスタートしました。そして一方の端か，もしくはその反対の端，つまり非常にポジティブか，あるいは非常にネガティブな言葉へと進むと，それによってその反対の方に引かれました。ポジティブになればなるほど，即座にその次に出てくるのはネガティブなことだったのです。そしてあなたに，よりネガティブなことについて考えていただくと，即座にあなたの反応はよりポジティブなものになったのです。

クライエント　それはまるで……へえ……。

> ⏸ DVDを一時停止！
>
> ここでDVDを一時停止してください。
> この例はACTに合致していましたか？ 合致していませんでしたか？ あるいは，どちらとも言えないものでしたか？ そう考えた理由は何でしょう？
> あなたの回答とセラピストからの回答を比べてみてください。

・⬇ セラピストからの回答・　　　　　　　　　　　　　1:02:03

　この対応は，フィルが内容としての自己を見つめられるように支援することをねらっています。とくにそれを，文脈としての自己，あるいは観察者としての自己の体験から区別するのを支援しようとしています。これは，ACTに合致する対応でした。この場合，焦点は主に，内容としての自己がどのように機能する傾向があるかにクライエントの目を向けさせることにあります。つまり，内容としての自己にとらわれていると本当の心の平和を見出すのは難しいということです。そのためにいくつかの評価を取り上げて，それらを両極端までもっていったのです。そして，自己評価を操作しようとするとき，ポジティブになろうとすればするほどネガティブな方へと引っ張られる傾向があること，また，よりネガティブな自己評価について考えるとむしろポジティブな方向へと引っ張られることを確かめました。そこで，思考内容のレベルで本当の心の平和を見出すことの難しさに彼が気づき，それを体験できるよう，支援しようとしたのです。（訳注：この場面は，音声と映像がずれています）

　次は**コンピテンシー2**（⬤本書 p.92，ACTをまなぶ p.240）です。セラピストは，クライエントが文脈としての自己に接触し，それを内容としての自己と区別するのを支援するためのエクササイズを活用しています。このロールプレイも，フィルが相手です。4回目のセッションで，彼は自己評価を向上させたい

と言いながら，セラピーを訪れました。自分自身についてもっと良く感じたいと思っているのです。そこで，ここでは，内容としての自己を区別するという問題がこの状況といかに関連しているのかを確認していくことにします。

▶ 場面2　　　　　　　　　　　　　　　　　　　　　　　1:03:54

クライエント　私は，まるで自分がかごの中のハムスターになったかのように感じます。つまり，前へ進もうとするんですけど，突然バリアに突き当たってしまうんです。壁にぶつかって，それを越えられないのです。

セラピスト　では，そのコメントをくり返していただけますか？　「私は壁にぶつかる」という言葉です。スピードを落として，その言葉をくり返してみましょう。

クライエント　私は前に進む。そして，壁にぶつかる。

セラピスト　けっこうです。それを言うときに，ちょっと時間をとって，自分の身体の内側をのぞいて，気づきを向けるようにしてください。そこで身体的にどんな感覚が現れてくるのに気づきますか？

クライエント　恐怖です。

セラピスト　恐怖ですね。では，少しの間，目を閉じてみてください。意識を下の方へ，身体の中へと下げていってください。そこで，何に気づきますか？　それを直接観察してください。

クライエント　まさに……恐怖。凍りついています。

セラピスト　なるほど。

クライエント　私にはエネルギーがないんです。

セラピスト　けっこうです。では，凍りついてしまって，自分にはエネルギーがないように感じるのですね？

クライエント　そうです。それに，身動きできない。

セラピスト　では，これをやりながら，凍りついているようなこの感覚に気づいている「あなた」がそこに存在することにも気づくことができます

か？ それは感覚とは違うもので，一瞬しかとらえられないかもしれませんが，でも，あなたの瞳の後ろに，この体験に気づいている「あなた」が存在することに気づいていただければいいのです。

クライエント はい。私はそこで観察しています。たぶん，ただ，自分自身について何か判断をしているんじゃないかと思います。

セラピスト わかりました。では，回し車の中のネズミであるように感じるということについて考えているときに，どのような思考が現れてくるかに気づけるかどうか，ちょっと試していただきたいのです。

クライエント 私にはわかりません。どこにも行きつかない。どうして，こんなことをやっているのか。

セラピスト なるほど。続けてください。

クライエント 同じことです。いつも同じでした。それを変える方法なんてない。

セラピスト そうですか。

クライエント 私は1つのパターンしか知らない。

セラピスト けっこうです。ほんのチラッとでも，今言われた思考をもっている，その思考そのものではない「あなた」がそこにいらっしゃったことに，お気づきになりましたか？

クライエント ええ。それは，単なる昔からのパターンです。

セラピスト その思考，単なるパターンだという思考ですが，それを外に出して，あなたの前にもってくることができますか？ それをあなたの数十センチ前においたら，その思考，つまりそれは昔からのパターンだという思考をもっている「あなた」がそこにいることに着目してください。

クライエント おまえが支配しているんだなという考え。でもそのパターン（「おまえ」）を選んでいるのは私なんだなという思考です。

セラピスト その思考，「私がこのパターンを作ることを選んでいる」という思考ですが，そのような思考を抱いていらっしゃる「あなた」がそこにいることにお気づきですか？ その思考について，何かをしていただきたいと思っているのではありません。ただ単に，それをここにおいて，気づきを向けていただきたいのです。あたかも，それがここにある物体

であるかのように，ふわふわと漂っているもののようにです。
クライエント　その……私には，自分がこういうことをしていると気づくことさえありません。意識的に気づくということすらないんです。
セラピスト　なるほど。それも思考ですね。

> ‖DVDを一時停止！
>
> 　ここでDVDを一時停止してください。
> 　この例はACTに合致していましたか？　合致していませんでしたか？　あるいは，どちらとも言えないものでしたか？　そう考えた理由は何でしょう？
> 　あなたの回答とセラピストからの回答を比べてみてください。

● **セラピストからの回答** ●　　　　　　　　　　　　1:07:42

　これはACTに合致する対応です。基本的に私が行おうとしていたのは，クライエントがスピードを落として，思考内容から一歩外に踏み出せるよう助けることでした。彼は，自分の人生に対する不満にすっかりとらわれてしまっていたので，私は彼を止めて，その瞬間に現れているものにただ気づかせるようにしたのです。内容としての自己と文脈としての自己の間の区別を促すための一般的な方法は，クライエントが存在しているものに気づきを向けるのを助けて，さらにその「気づいている人物」に気づけるよう支援するというものです。あるいは，これらすべてのことを観察している，または体験している自分自身の中の一部に気づくよう促す，と言ってもいいでしょう。私はここでちょっとしたミスを犯しています。文脈としての自己と称して，「私―ここ―今（I―here―now）」としての自己の体験に言及していたのが，一転して，「あなた―そこ（you―there）」としてクライエントに言及してしまった箇所です。むしろ，クライエントの体験に言及し，「あなた―ここ―今」という言葉で語りかけながら，内容が「そこ」にあるとした方がよかったでしょう。

▶ 場面3 `1:09:06`

セラピスト では，次のようにイメージしてみてください。これは，チェスボードで，どんな方向にも伸ばすことができます。

クライエント はい。

セラピスト そしてチェスボードの上にはたくさんの駒があります。いいですか。チェスのゲームのときと同じように，黒い駒と白い駒があります。このチェスボードの上のすべての駒は，あなたのさまざまな体験，思考，気分，記憶，身体的な感覚です。それらのすべてが，このボードの上にあります。いいですか？

クライエント はい。

セラピスト 駒たちは戦争を始めます。あなたは，もうかなり長い間，この駒と戦ってきたのです。あなたは白い駒をもっています。これはあなたが大好きなもので，あなたは良い人間である，有能であるといった思考です。自分の人生をどんどん前に進めていけるのです。一方，黒い駒はというと，自分に疑問を感じる，あるいは不信感を抱く，悲しかったり絶望的に感じたりする，といったものです。この白と黒の駒が戦争を始めます。あなたは白い駒と組もうとします。そう，「私はすばらしい，私は有能である」という駒です。そして黒い駒たちをやっつけようと奮闘するのです。

クライエント わかりました。

セラピスト このメタファーの中で，私はあることを提案したいと思っています。実際には，このメタファーにおいて，あなたは駒などでは全然なくて，どちらかというとチェスボードと考えてはどうか，ということです。この戦争の起こる文脈，あるいは舞台です。それで私たちは何をするかというと，あなたがチェスボードであるこの場所をどうしたら体験することができるのか，その方法を見つけるのです。

クライエント でも，そのチェスボードの上の駒の1つ1つがフィルです。良いものも，悪いものも，醜いものも。すべて混ざり合っているんです。

セラピスト　そうですね。でも，あなたはそれをそのように見てはいけないのです。だから，それに対して違う見方ができるようになる必要があるのです。あなたは駒ではなくて，実際にはチェスボードなのだ，というようにです。これを違う見方でとらえる必要があるのです。

クライエント　先生のおっしゃっていることはわかりますが，でも，もし……。

> ⏸ DVDを一時停止！
>
> 　ここでDVDを一時停止してください。
> 　この例はACTに合致していましたか？　合致していませんでしたか？　あるいは，どちらとも言えないものでしたか？　そう考えた理由は何でしょう？
> 　あなたの回答とセラピストからの回答を比べてみてください。

・ セラピストからの回答 ・

　この対応には，ACTに合致する要素と合致しない要素の両方が含まれています。最初のメタファーの提示はかなりACTに合致しており，チェスボードのメタファーへの簡単な導入になっています。もちろん，後でこのメタファーに戻って，もう少し展開していくことができます。合致していないのは，最後の部分です。私がクライエントに対して，「あなたは駒を異なる方法で見る必要がある」と言って説得しようとした部分です。代わりのアプローチとしては，すべての駒が一緒になって私であるという，クライエントの表現，思考を取り上げることが考えられます。そして，ACTにもっと合致するのは，おそらく，何か物をもち上げて，「あなたが今表現なさったそれらの思考も，それもまたボードの上にあるのです」と言うことでしょう。

価値に沿った方向性を見出す

●ACTをまなぶ　第6章

セラピスト　　ジェイソン・ルオマ

　第6章の価値に沿った方向性を見出すプロセスです。場面1～3は，ジュリーとのワークの様子です。彼女は，中症度の社交不安に取り組んでいるクライエントです。この不安を克服して，より深く強い友人関係を築くために，セラピーに訪れました。しかし今日まで，自分はこれを達成できていないと感じています。そして，自分が人間関係を外からのぞき見していることに大方気づいています。

　場面1では，**コンピテンシー1**（●本書p.93，ACTをまなぶp.294）に焦点を当てます。クライエントが価値に沿った人生の方向性を明確化できるよう支援することがテーマです。

▶ 場面1

セラピスト　さて，ジュリー，私たちはこれまで，あなたの不安との戦いや，あなたが人と関わったり友人関係をもつ上でその不安がすごく邪魔しているように感じるといった気分について，ずいぶんと話し合ってきました。

クライエント　はい。

セラピスト　それで今日，このことについてもっと大きな状況に目を向けるということに焦点を当てたいと思います。戦いが起こっている大きな文脈です。つまりこれまで木に焦点を当ててきたので，森を見たい，ということです。自分の人生における人間関係について，どんなことに関心

がありますか？　人間関係で，何が大切だと思っていますか？
クライエント　私は，自分を愛してくれる人たちの良い友だちになれなくなるくらい自分の心の中の対話に集中しすぎて，自分自身や自意識に疑いを抱き，つらい時間を過ごしているのだと思います。そう思うと傷ついた気持ちになるのですが，かといってどうしたら耳を傾けるのをやめられるのか，それもわからないのです。
セラピスト　では，あなたは良い友だちになれていないと感じるのですね。そこで一緒にやってみたいことは，あなたにとって大切なことをずっとたどっていくことです。あなたがおっしゃることを私が書き留めます。私は，こんなことが起こってほしいとあなたが思っていることを具体的な言葉にしていきます。人間関係でのあなたの価値とは何かを明確にできるよう，力を尽くしていくつもりです。あなたにとって大切なこととは何でしょうか？　あなたがたった今おっしゃったことの1つですが，あなたは……友だちのために力になれていないように感じているのですね。
クライエント　そうです。
セラピスト　そのとおりでしょうか？
クライエント　ええ。
セラピスト　では，どうだったらいいなと望んでいますか？
クライエント　ええと，泣きながら電話をかけてばかり，というのはもう嫌です。だってそうでしょう？　そんなふうでは，誰も私のことを頼りにできませんよね，私は強くないのですから。
セラピスト　なるほど。では，その友人関係という領域で望んでいるのは，泣いて声を上げてばかりいたくないということですね。
クライエント　ええ。
セラピスト　わかりました。では，それを書き留めます。それであなたのおっしゃっていることにぴったり当たっているようですか？
クライエント　ええ。〔間〕あの……。先生は何を書いているのですか？
セラピスト　「泣いてばかりいたくはない」です。あなたが望んでいる……。
クライエント　そうですね。わかりました。

セラピスト　友人関係について考えてみて，ほかに望むことは何ですか？
クライエント　ええと……，外出したときには楽しい時間を過ごしたいです。夜になれば，実際に外出するところまではできることがあるんです。でも，楽しいどころか猛烈に疲れます。
セラピスト　なるほど。では，友だちと楽しい時間を過ごしたいのですね。それが，あなたの望むあり方のように感じられるのですね。

> ▌DVDを一時停止！
>
> ここでDVDを一時停止してください。
> 　この例はACTに合致していましたか？　合致していませんでしたか？　あるいは，どちらとも言えないものでしたか？　そう考えた理由は何でしょう？
> 　あなたの回答とセラピストからの回答を比べてみてください。

⬇ セラピストからの回答 ・　　　　　　　　　1:16:20

　これはACTに合致していない対応です。ひどく不一致であるというわけではないのですが，実際，数カ所，異なる点がありました。最初の点は，セラピストが価値として記録したものに実際にはゴールが含まれていたという点です。第6章で読まれたかもしれませんが，「死人のゴール」というものだったのです。クライエントは泣いてばかりいたくないと言っていますが，これはある意味，不活発で受身的なゴールであり，価値に向かって歩く中で私たちが到達したいゴールではありません。また，これがゴールであって，価値でない，ということも問題です。この場面で問題となる第2の点は，価値についての対話にあるべき活力，傷つきやすさを許容する姿勢，現在への志向性といった性質が，ここにはほとんどないということです。実際，この場面でのセラピストは書くという作業の陰に隠れ気味で，クライエントとさほど関わり合っていません。

▶ 場面2　　　　　　　　　　　　　　　　　　　　　　1:17:35

セラピスト　ジュリー，これまでにずいぶんと時間をかけて話し合ってきました。あなたが社交不安を相手に戦ってきたことや，どんなふうに長い間戦ってきたように感じるかということをね。あなたが望んでいる人間関係をもつ上で，それは本当に邪魔になっているようです。だから，それを克服するために必死でがんばってきたのですね。

クライエント　ええ。

セラピスト　そこで，「こうしてみてはどうだろうか」という考えが1つあります。少し時間を使って，人間関係におけるあなたの夢やゴールとは何かということについて，もっと大きな状況に目を向けてみるのはどうでしょうか？　例えば，自分が望むような人間関係をもてるとしたら？　ボウルにいっぱいの賞品があって，そこから好きなものを鷲づかみにするように，簡単に自分の望む関係をもてるとしたら？　それはあなたにとって，どんなものになると思いますか？

クライエント　そうですね。電話をして良い知らせを伝えたいと思うような人がほしいです。良い知らせをもてるようになりたいです。それに，その，当たり前ですが，いつかボーイフレンドもほしいと思います。もう長いこと，いませんから。それに私はただ，友だちがほしいだけなのです。人間関係……気のおけない関係がもちたいんです。

セラピスト　今のお話の中には，あなたが望んでいることがいくつかありそうです。あなたは，それを自分が選択したのだと感じたいのですね。内容が充実していると感じられるような，あるいは重要だと感じられるような，そんな関係をもちたいと思っている。合っていますか？

クライエント　ええ。

セラピスト　何かほかに，私が聞き逃したことはありますか？　最初のところで，とらえ損ねた部分があるような気がするのですが。

クライエント　良い知らせを伝えられるということです……。

セラピスト　自分の人生で，良い知らせを分かち合いたいと思えるくらいに

十分につながっていて，十分に近いと感じられるような人がほしいのですね。

クライエント　ええ。

セラピスト　そして，その人たちがあなたの力になってくれたら，とも思っている。

クライエント　ええ。

セラピスト　それは合っていますか？　あなたの望んでいる関係だと思いますか？

クライエント　ええ，そう感じます。

セラピスト　今までに，こういう関係をもっていたと感じる時期がありましたか？

クライエント　ええ。子どもの頃は，社交的になることに何の問題もありませんでした。いつも外でみんなと遊んでいて，たぶん13歳くらいになるまでは，実際，問題はなかったのです。思春期に入り始めたときに，自分に対してひどく疑問を抱くようになりました。

セラピスト　その当時を振り返って，あなたの親友は誰でしたか？　あなたがそのようになったときです……，思い出せますか？

クライエント　ええ。メーガン・マイヤーズです。

セラピスト　その方とはどんな関係だったのですか？

クライエント　彼女の家に泊まって3日も帰らなくても平気というような。横にいて安心感もありました。もう本当に長い間，そのように感じたことはありません。

セラピスト　それが，自分の人生でもう一度手に入れたいと思うものですか？　誰かと心からつながっていて，素の自分でいられるほど安心に感じられる人と一緒にいる，というような感覚を取り戻したい？

クライエント　はい。間違いなく，望んでいます。

セラピスト　そうですか。

> ‖DVDを一時停止！

ここでDVDを一時停止してください。

この例はACTに合致していましたか？　合致していませんでしたか？　あるいは，どちらとも言えないものでしたか？　そう考えた理由は何でしょう？

あなたの回答とセラピストからの回答を比べてみてください。

• セラピストからの回答 •　　　　　　　　　　　　　　1:21:06

こちらのほうが，よりACTに合致する対応でした。セラピストがその瞬間のクライエントの体験に，より焦点を当てているのがおわかりになったと思います。これは**コンピテンシー1**（◯本書 p.93，ACTをまなぶ p.294）「クライエントが価値に沿った人生の方向性を明確化するのを支援する」を具体的に示す試みなので，活力や選択といった，価値についての対話の性質のいくつかをセラピールームでのやりとりの中に織り込んでいます。さらに，少なくとも最初のほうで，セラピストがクライエントに何を選択するかに焦点を当てるよう求めることで，選択の問題を取り上げていることがおわかりになったでしょう。また会話には，つながりと活力がより感じられました。そして，おそらく最後にここから引いてしまったことが間違いだったのですが……。次にセラピーはどこに向かえばよかったのかというと，子ども時代の友だちと一緒にいるというのはどのようなことであったのかという経験にもっと踏み込み，その瞬間にクライエントがその経験と接触できるよう支援すればよかったかもしれません。その上で，もし価値にとって役立ちそうならば，つらい不安を進んで体験する気持ちが彼女にあるかどうかという選択を提案する際にそれを活かす，という道もあったでしょう。

次の場面は，ジュリーとのその後のセッションがどのようになるかを続けたもので，クライエントの価値について明らかにすることにすでに取り組んだ後です。ここでは，**コンピテンシー4**（●本書 p.93, ACTをまなぶ p.300）「達成されたアウトカムと，生きるプロセスに身を投じることを区別する」ということに焦点を当てています。ここでは，セッションの最初の部分から取り上げることにします。先週1週間にわたって，あるホームワークあるいは行為に取り組んだということを，ジュリーが報告するところです。その行為とは，人々とつながり，対人関係において自然体で陽気であるという，彼女の価値と一致するものでした。彼女は，その妨げとなっているのは，会話の前にまず，自分がその人に言おうとしていることを，何分も，時には何時間もかけて用意してメモまでとったりしている，そういう自分の行動であると気づきました。そこで課題として，そのように準備するのをやめて，ただ会話へ入っていくという計画を立てて，今週1週間，職場で基本的に毎日，これを実践してみようということになりました。

▶ 場面3　　　　　　　　　　　　　　　　　　　　　　　　1:23:57

セラピスト　では，ジュリー，まず確認しましょう。ホームワークについて，今週1週間，いかがでしたか？

クライエント　先生がおっしゃったことを実際，やってみました。外に出て，人とつながりをもって，友だちを作ろうとしたんです。でも，全然うまくいきませんでした。毎回，基本的に失敗したと感じました。

セラピスト　人とつながろうと思って出かけたのに，つながったという気分をもてなかったので失敗したということですか？

クライエント　ええ。

セラピスト　そうですか。先週の会話に戻って確認したいのですが，それが，私たちがしようとしていることでしたか？　人とのつながりを感じられる場所に行くことでしたか？　それが，ここで私たちの実践しようとし

ていることでしたか？

クライエント ええ。そこに行くことがスタートでした。そして，話をして。それから，結局のところ，私が望むものは人とのつながりです。

セラピスト 私がここで見ていきたいのは，ゴールに対してそのように集中することと，前回話し合ったことにはどのような違いがあるか，ということです。お話をうかがっていると，あなたはその場所に入っていったとき，そこにいる人たちとつながろうという考えに非常に集中していたように感じられます。

クライエント そのとおりです。

セラピスト そこの人たちとつながれなかったら，それは何か，本当に悪いことになってしまう，と。そういうのは妥当ですか？

クライエント ええ。私は失敗したというように。

セラピスト 失敗したというように。

クライエント はい。

セラピスト 思い出していただきたいのですが，このことについて一緒にお話ししたときには，それは私たちが本当にやっていたことではありませんでした。あなたが進んでいきたい道筋に，もっと目を向けていました。先週のことを思い出してください。あなたは人とつながりを築きたいと，そして，つながっていたいと，望んでいましたよね？

クライエント そうです。

セラピスト けれども，ここでは，あなたがコントロールできることにもっと焦点を当てたいのです。自分の手や足を使って行うことです。ここであなたが行ったことというのは，あなたと他の人たちの間にあるバリアの1つを手放すことでした。例えば，中に入る前に準備をしないというのは実行できましたか？

クライエント ええ，ただ入っていこうとしました。

セラピスト そうですか。すばらしいですね。

クライエント それは気分が良かったです。

セラピスト あなたはそれを手放すことができた。私たちは，ウィリングネ

スのある行動を，つまり，そのバリアを手放すということを，そこで実践していたのです。しかしどうもお話をうかがっていると，あなたはその状況に入ったときに，すっかり結果に集中してしまい，どうなるかということにとらわれてしまったようですね。私はつながりを感じているだろうか，いないだろうか。そのゴールにとらわれてしまった。この人たちは，私を気に入ってくれるのだろうか，と。

クライエント　ええ。

セラピスト　……この瞬間，あなたは，あなたが望むプロセスに関心を払っていなかったのです。自分はここで人とのつながりに向けて動いているのだ，というプロセスです。

クライエント　ええ。

セラピスト　そして，そのプロセスでは，良い結果が出ないこともあるでしょう。

クライエント　はあ……。

セラピスト　ですから，あなたのマインドがあなたに向かってしゃべりかけているときでも，あなたはその方向に向かって歩き続けられるのかどうかということも，一緒に確かめていきたいのです。マインドが，「私はつながっていない」と言っているときでも……。

クライエント　はい。

セラピスト　あるいは，「私は好かれていない」などと言っているときでもね。そして，今週，あなたはそれができたようですね。

クライエント　はい。

セラピスト　ところが，ゴールに焦点を当ててしまって，それがあなたを引き離してしまった。

クライエント　はい。

セラピスト　ここまではよろしいですか？

クライエント　はい。そうだと思います。

> **‖ DVDを一時停止！**
>
> ここでDVDを一時停止してください。
> この例はACTに合致していましたか？ 合致していませんでしたか？ あるいは，どちらとも言えないものでしたか？ そう考えた理由は何でしょう？
> あなたの回答とセラピストからの回答を比べてみてください。

・セラピストからの回答・　　　　　　　　　　　　1:27:32

これはACTに合致する対応でした。結果に執着するのではなく，焦点を当てているプロセスに再びつながれるようにクライエントを支援しようとしているという点で，これも**コンピテンシー4**（●本書 p.93，ACTをまなぶ p.300）でした。この週の間に何が起こったかというと，どうやらエクササイズの中味が変化してしまったようです。この方向に足を進めていくことをテーマにしていたはずのエクササイズが，彼女が自分自身に設定した，自分に厳しいゴールに執着することへと変化してしまったのです。そのゴールとは，人とつながっているように感じて，人が自分のことを好いていてくれるように感じる，というゴールです。彼女はエクササイズをしながら，そのゴールにとらわれてしまいました。そして，「妨害となるバリアを手放しながら価値に沿った方向性に向かっていく自分が今ここにいる」ということの重要さを認識するというよりも，そのゴールに照らし合わせて自分自身を評価し始めてしまったのです。

もう一度，**コンピテンシー1**（●本書 p.93，ACTをまなぶ p.294）に戻ることにしましょう。クライエントが価値に沿った方向性を明確化するのを支援する，というものです。この場面では，ゴール対価値の問題にとくに焦点を当てています。このケースでは，デレックが相手です。彼のセラピーにおけるゴールには，奥さんともっと良い関係をもつというものが含まれています。

場面4　　　　　　　　　　　　　　　　　　　　　　　1:29:10

セラピスト　デレック，あなたが奥様との間で望んでいらっしゃることとは何でしょうか？　「こうありたい」という姿をあなたが選べるとしたら，それはどんなことですか？

クライエント　口論をやめることです。

セラピスト　口論をやめること。

クライエント　彼女に腹を立てるのをやめること。

セラピスト　そうするためには，あなたは何をする必要があるでしょうか？

クライエント　まずは，「私が彼女を軽蔑してしまっている」というところかもしれません。

セラピスト　それをやめる。軽蔑するのをやめるという意味ですか？

クライエント　そうです。

セラピスト　なるほど。

> ❚❚ DVDを一時停止！
>
> ここでDVDを一時停止してください。
> この例はACTに合致していましたか？　合致していませんでしたか？　あるいは，どちらとも言えないものでしたか？　そう考えた理由は何でしょう？
> あなたの回答とセラピストからの回答を比べてみてください。

● セラピストからの回答 ●　　　　　　　　　　　　1:29:54

　これはACTに合致しない対応です。セラピストはどちらにも進み得る質問から，うまくスタートをきりました。けれども，クライエントは回避的なゴールと思われる返答をします。「死人のゴール」と言ってもいいものです。クライエントよりも死人のほうが，口論しないというゴールをうまく実現できるでしょう。クライエントがそれからどんどん離れていく，と

いうのではなく，それに向かって進んでいるという感じがするゴールや価値を考えることができれば，と私たちは思っています。ところが，セラピストがこのゴールを向かっていく方向性として受け入れてしまうと，離れていくというプロセスを助長してしまう可能性があるのです。

▶ 場面5　　　　　　　　　　　　　　　　　　　　　　1:30:44

セラピスト　デレック，あなたは奥様との関係で何を望んでいますか？　あなた方の関係がいかようにも変われるとしたら，どう変わるかをあなたが実際に選べるのだとしたら，どんな関係を選びますか？

クライエント　やめること……妻に腹を立てるのをやめることです。

セラピスト　では，もしあなたが奥様に腹を立てるのをやめることができたならば，あなた方の関係はどうなるでしょうか？　……ちょっと想像してみてください。あなたがもう奥様に腹を立てることも，喧嘩をすることもない場所に魔法のように行くことができたとしたら……。あなたはこの関係がどのようであったらいいと，そこでどのようにいられればいいと，お望みですか？

クライエント　コミュニケーションをとって，理解をして，かつて私たちがやっていたことをしていると思います。

セラピスト　あなた方の両方がコミュニケーションをしていて，理解をしている……。

クライエント　ええ，ええ。

セラピスト　では，とくにあなたがその憤りを手放して，それが魔法のように蒸発して消えたなら，あなたはもっとつながって……。

クライエント　そこにいる？

セラピスト　もっとそこにいる。

クライエント　ええ。もっと満たされている。

価値に沿った方向性を見出す　61

セラピスト　もっと満たされているかもしれませんね，たぶん。結果としては。しかし，それに関しては自分で選べないかもしれません。でも，自分がそこにいるつもりがあるのかないのか，その点では選択ができるかもしれません。

クライエント　まさしくそうです。私は妻のためにそこにいます。

セラピスト　そのとおりです。彼女のためになってあげる，それは全体像の一部でしょう。

クライエント　まさしくそうです。〔間〕ええ。そして妻も私のために。ちょっとしたことでも楽しめるようにです。

セラピスト　そうですね。それも視野に入るでしょう。

クライエント　まさしくそうです。私はまさにそれを目指してがんばっているのです。

> ‖DVDを一時停止！
>
> ここでDVDを一時停止してください。
> この例はACTに合致していましたか？　合致していませんでしたか？　あるいは，どちらとも言えないものでしたか？　そう考えた理由は何でしょう？
> あなたの回答とセラピストからの回答を比べてみてください。

・セラピストからの回答・　　　　　　　　　　1:32:31

これはACTに合致する対応でした。これも，何かにもっと近づいていくというタイプのゴールを展開させることに焦点を当てています。そもそもクライエントは，セッションに訪れて，最初に回避的なゴールを設定していました。そのため，私の役目は，そのゴールの背後に隠れてしまっているであろう価値や行為がどのようなものになるかということに，クライエントが接触できるようにすることでした。そこで私は，クライエントの最初の言葉はひとまず脇において，質問をしました。「もしそのゴールを達

成できたならば，ものごとがどのようになったらいいと思いますか」というように。クライエントの夢や希望を引き出そう，と努めたのです。願わくば，単にもう口論をしないというだけではなく，クライエントがもっと強力な形で達成したり寄りそったりできるような，そんな何かを引き出せればと思ったのです。

コミットされた行為のパターンを形成する

> ACTをまなぶ　第7章

| セラピスト　　スティーブン・ヘイズ |

　それでは，第7章の**コンピテンシー2**（本書 p.93，ACTをまなぶ p.340）を見ていきましょう。これは，コミットされた行為に対するバリアを突き止めるというもので，それらのバリアをいわばプロセスの中に取り込んで，コミットされた行為のパターンの一部として連れていく方法を見つけるというものです。

　次の場面では，対人関係の問題を抱えるクライエントと取り組んでいます。対人関係でのトラブルというよりも，そもそも人となかなか親密になれないという問題です。彼女には裏切られたという過去の学習経験があります。また傷つけられるのでは，と恐れているのです。

▶ 場面1

セラピスト　イメージしてください。ボーイフレンドと一緒に歩んでいくのか，それとも戻るかという選択をするとき，内心はどうなのでしょう？私には，あなたは少々退くような感じがするのですが。心の中では何が起こっていますか？

クライエント　例の昔からのものが現れます。「私は独立した人間で，毎日やらなくちゃいけないこともある」。そこに誰かが入り込んでくると，ひどくナーバスになってしまうのです。

セラピスト　なるほど。

クライエント　それで……。

セラピスト　何かそこには別の，もっと深いものがありますか？　それは単にあなたの日常がかき乱されるというだけのことではないのでは？

クライエント　ええ。

セラピスト　さらにもっと認めたくないものに向かって進んでいくのだとしたら……たぶん，もっと感情的なものでしょうが……そこには何がありますか？　前に進むと何を感じるようになりますか？

クライエント　あの……傷つきやすいと人から見られるのが嫌なのだと思います。

セラピスト　はい。

クライエント　もう二度と傷つきたくないからです。私の過去の関係……あれ以来，何に対しても真剣になったことはありません……。

セラピスト　ええ。

クライエント　……私が無防備だったからなんです。だから……。

セラピスト　だから，打ちのめされてしまった。

クライエント　はい。

セラピスト　ひどく打ちのめされてしまったのですね。

クライエント　ええ。ですから……。

セラピスト　彼があなたを裏切ったのですね。

クライエント　ええ。ですから私が……。

セラピスト　今は，それから逃げないようにして。

クライエント　あ，はい。

セラピスト　そこに戻るようにしてみてください。あなたはそれに触れると，「私はそこには行かない」「そしてここにも来ない」というようになってしまう部分があるからです。今のボーイフレンドはあなたを裏切っていません。彼は実際，あなたにかなり良くしてくれていますよね……。

クライエント　ええ。

セラピスト　そうだけれど，でもその彼と一緒にいるのが難しいのですね。

クライエント　そうなんです。

セラピスト　それはちょうどこういうことかもしれませんね——「傷つきやすさ（vulnerability）」という言葉のことを考えてみましょう。この言葉は，「傷つける可能性がある（woundable）」を意味する語源からきています。「あなたは傷つけられる可能性がある」という意味です。ギリシア語の「vuln」という語に由来します。人は，あなたと親しくなると，あなたを傷つけることができるのです。

クライエント　そうです。

セラピスト　では，こんなふうに考えてみましょう。ここに過去の傷があります。しかし，その反対側……心の内側にも何かあります。あなたが裏切られたとき，その体験は，なぜそれほどあなたを傷つけてしまったのでしょう？　心の中には何があったのでしょう？　それほどまでにつらかったのは，あなたが本当は何かを望んでいたからではないでしょうか？　自分は何かを手に入れていると考えていたのですね？

クライエント　ええ。

セラピスト　本当なら，何を手に入れていたのですか？

クライエント　愛です。

セラピスト　愛ですね。では，ここにそれがあるとしましょう。それは，あなたにとって大切ですか？

クライエント　ああ，ええ。愛は大切です。

セラピスト　わかりました。というのも，ほら，あなたがそうおっしゃっているときでさえ，あなたの一部は「でも……私はもうあんなに傷つきやすくはなりたくない」と言いたがっていますからね。ここまではよろしいでしょうか？

クライエント　はい。

セラピスト　あなたの声を聞いていると，そんなふうに言っているのが聞こえます。

クライエント　はい。

セラピスト　おそらく，その反対側というのは，あなたが本当に望んでいるけれども，望むのを恐れているものでしょう。それが愛なのですね。

クライエント　ええ。

セラピスト　わかりました。では，こう考えてみてはどうでしょう。いいですか，私たちはこちら側で傷つき，そしてこちら側で愛を得ました。あなたはこれを捨てることができます。どうぞ。捨てていいですよ。

クライエント　はい。

セラピスト　でも，もしあなたがそれを捨ててしまったら，どうでしょう。傷つくことのないよう自分を守るために捨ててしまったら，あなたは両方の側を捨ててしまうことになります。

クライエント　はい。

セラピスト　それだけのことをする価値がありますか？　つまり，あなたは本当に自分の人生を捨ててしまいたいのでしょうか？　両側ともにです。

クライエント　いいえ，両方ともではありません。

セラピスト　わかりました。では，こうは考えられませんか？　あなたがやっているのは，愛に向かっていくのを思いとどまらせることだ。

クライエント　ええ。

セラピスト　あなたは傷つくことから守られているだけではありません。その反対側では，何が起こっているのでしょうか？

クライエント　もう一度そこに行くのが嫌なだけなんです。

セラピスト　ええ，つまり，そこに行けば，あなたは本当は……あるものを体験できる……？

クライエント　愛？

セラピスト　そうです。

クライエント　そうですね。

セラピスト　そして，それでも傷つきますね。違う意味で傷つきますよね。

クライエント　……そうですね。

コミットされた行為のパターンを形成する　67

> ‖ DVDを一時停止！
>
> ここでDVDを一時停止してください。
> この例はACTに合致していましたか？　合致していませんでしたか？　あるいは，どちらとも言えないものでしたか？　そう考えた理由は何でしょう？
> あなたの回答とセラピストからの回答を比べてみてください。

● セラピストからの回答 ●　　　　　　　　　　　　　1:38:30

人がコミットされた行為に対するバリアに遭遇するとき，そのバリアは痛みであることが非常に多いものです。人は，痛みのために前進をためらいます。言いかえると，回避というのはバリアの1つということです。ここで私たちは，その痛みは道しるべにもなり得るということを指摘しました。痛みは，2つのことを指し示します。人は，傷ついた体験があっても，その一方でそれを大切にしています。もしあなたがそれを大切にしなかったら，その体験はあなたを傷つけはしなかったでしょう。したがって，皮肉にも，回避をすると，単に傷つくことを避けるだけでなく，本当に大切に思っているもの，本当に欲しているものをも回避しなくてはならなくなるのです。ですから私たちは，バリアを進入禁止の標識にするのではなく，コミットされた行為のパターンの一部として取り入れようとしていたのです。

▶ 場面2　　　　　　　　　　　　　　　　　　　　1:39:29

セラピスト　あなたはボーイフレンドを少々寄せつけないようにしているという感じがします。一歩進んでは，一歩か二歩引いてしまうようです。違いますか？

クライエント　いいえ，そのとおりです。

セラピスト　そこで何が起こっているのでしょう？　進むか引くかという選択のとき，いったい何が起きているのでしょう？

クライエント　あの……，彼を身近に感じ始めるといつも，「良くなっても悪くなるだけだ」と思ってしまうのです。

セラピスト　そうですか。

クライエント　それで，傷つきやすくなるのではないかと不安になってしまうんです。

セラピスト　なるほど。では，あなた自身，あるいは他の何かを守ろうとする，何かそんな力があるのですね。

クライエント　ええ。恐ろしいんです。

セラピスト　では，どうしたら前に進めると思いますか？　マムズ・メイブリー（訳注：20世紀に活躍した黒人のコメディアン）の台詞に，こんなものがあります。「いつもやってきたことをしなさい。そうすれば，いつも手に入れてきたものを手に入れるでしょう」。もしそうなら，つまり，あなたがどんどん引き下がっていくときに，このいつものパターンが現れているとしたら，あなたが前に進むには何が必要でしょうか？

クライエント　信頼です。

セラピスト　そうですか。でも，あなたはそれを長い間，待ってきたのですよね。

クライエント　ええ。よくわかりません。

セラピスト　では，具体的な行動として，あなたがしていて当然のことなのに，ボーイフレンドとやっていないことは何ですか？

クライエント　私は……家で映画を見ているときでも，自分は本当はそこにいないように感じます。

セラピスト　なるほど。

クライエント　私は……ええ，私は実際……十分に存在することができないように感じるんです。

セラピスト　そうですか。あなたが存在していないのなら，外から眺めたら

どう見えるでしょうか？　私がその状況を見たら，私には何が見えるのでしょう……。

クライエント　たぶん……，私は急にもっと近くに座りたくなって，突然，「これはいい感じだわ。あ，"いい感じ"ってことは……」というふうになるんじゃないでしょうか。

セラピスト　では，おそらく，それをターゲットにするのがいいでしょうね。つまり，彼の近くに座るということです。前進しないとしたら後退することになりますからね。これは私の考えですが。

クライエント　そのとおりです。

セラピスト　いずれにしても，あなたの価値とは何でしょう？　彼の近くにいることに価値がありますか？　もしそうなら，あなたは彼の近くに座ることが必要になりますよね。

クライエント　ええ。

セラピスト　あなたが離れて座ってしまったら，彼にはそのことはわからないでしょうから……。

クライエント　ええ，わかっています。もちろん，そうすることに価値を感じます。ただ……，私は，いつも外から見ているような感じがするのです。

セラピスト　では，おそらく，あなたが彼の近くに座るというゴールを設定した方がいいでしょうね。そうしましょう。

クライエント　いいですけど。でも，それでも良い気分にはならないと思います。

セラピスト　そうでしょうね。まあ，それは必要経費のようなものでしょう，私はそう思いますよ。

> **∥ DVDを一時停止！**
>
> 　ここでDVDを一時停止してください。
> 　この例はACTに合致していましたか？　合致していませんでしたか？　あるいは，どちらとも言えないものでしたか？　そう考えた理由は何でしょう？
> 　あなたの回答とセラピストからの回答を比べてみてください。

🖐 セラピストからの回答

　ここでは，適切な文脈で行えば役に立ちそうなことがいくつかありました。特定の行動的ゴールをもつことは，何ら悪くありません。行動しないことでどのような代償があるかを指摘することは，何も悪くないのです。けれども，ここで進行していることには，粗雑な面が見られます。チャンスを逃してしまっているのです。ここで現れているバリアは，ワークに取り入れるべきバリアです。さっさと片づけて，後回しにしてしまっていいものではありません。ところが，あたかもそれがただ形をとりつつあるだけの話であるかのように先を急いでしまい，他の問題はどういうわけか自然に解決するかのように扱われています。これは考えにくいことです。その点から考えて，これは，ACTモデルと表面的なつながりはありますが，十分に洗練された形でACTを実施したものではありません。

ACTの治療スタンス

> ACTをまなぶ 第9章

1:43:22

| セラピスト | ロビン・ウォルサー |

　これからお見せする場面では，第9章のコア・コンピテンシー「ACTの治療スタンス」に取り組みます。ここでは，ACTセラピストに求められるクライエント－セラピスト関係について考えていきます。それは，嘘偽りがなく，慈愛に満ち，傷つきやすさをもった関係性であり，それによってセラピストはクライエントと対等な立場でつながることができるのです。

　次の場面では，**コア・コンピテンシー2**（ 本書 p.94，ACTをまなぶ p.432 ）について詳しく見ていきます。セッション内におけるセラピストの自己開示についてです。開示は，適切かつ思慮深く，タイミング良く行うことが求められます。このセクションのクライエントは，自分は学業において無能であり負け犬であるという気分とずっと戦ってきました。このことが，学校においても，また全般的にも，対人関係において彼女が前に進むのを妨げるバリアになっています。

▶ 場面1　　　　　　　　　　　　　　　　　　　1:44:28

クライエント　私はまだ他のみんなよりも，授業もあまりとっていません。5つ登録して，2つを除いてすべて途中でやめてしまいました。週末や夜に勉強しようという気持ちにどうしてもなれそうにないんです。授業に出るだけでもひどくエネルギーがいるので，体が動きません。で，結局，試験ではCとかDとかF（不合格）とかをとることになってしまいます。

成績は，誰でも自分の成績を見られる場所に張り出されるんですが，私はいつも最低点くらいなんです。

セラピスト　このことについては，今までも何度か話していましたね。そして，それを失敗の気分に結びつけていました。

クライエント　ええ。

セラピスト　時々，自分が無能に感じると。

クライエント　ええ。実際にそのように感じます。授業でパートナーを組むことがあるんですけど，自分がグループに何も貢献できないように感じるんです。私なんか学校に在籍すべきでないと感じることも，たまにあります。

セラピスト　そうですか。撤退するとか引き下がるという感じですね。

クライエント　はい。

セラピスト　そこはあなたにとって孤独な場所だとおっしゃったことがありましたよね。

クライエント　ええ。とても孤独に感じます。私の友だち，友だちと呼んでもいいと思うんですが，彼らの中でこんな問題を抱えている人は，私以外に誰もいません。誰もわかってくれません。大学のカウンセラーのところに行って助けを求めても，誰も私の状況を理解してくれなくて，ただ「ああ，あいつは怠け者だ」とか思われている気がするんです。でも私だって本当はきちんとやりたいのです。私……私は……。

セラピスト　あなたはそこで，まったくひとりぼっちのように思えるのですね。

クライエント　はい。

セラピスト　これは私にも時々あるのですが，自分のしていることで自分は失敗しているとか無能だと感じることがあります。

クライエント　先生がですか？

セラピスト　ええ。私も悩みますよ。ここで何をしたらいいのかわからないということも時々あります。それで，失敗したとか無能だとか考えるんです。

クライエント　本当に？

ACTの治療スタンス　73

セラピスト　ええ。私にもありますよ。そして，そういったことが，あなたがこれまで対人関係で距離をおいてきてしまったことにつながっているのもわかっています。だから，私たちの関係でも同じ気持ちを抱いているのでは，と思っています。ある特定のやり方をしていかないと，自分が失敗しているとか正しくやっていないとか感じてしまう。

クライエント　ええ。そう感じます。

セラピスト　そうですね。だから，あなたと私が，私たちのとても人間らしい体験，失敗の気分，無能さを認識して，その上で，一歩一歩前に進みながら一緒にその問題に取り組んでいけるのではないか，と思っているんです。

クライエント　ええ。

> ▌▌ DVDを一時停止！
>
> ここでDVDを一時停止してください。
> この例はACTに合致していましたか？　合致していませんでしたか？　あるいは，どちらとも言えないものでしたか？　そう考えた理由は何でしょう？
> あなたの回答とセラピストからの回答を比べてみてください。

◆ セラピストからの回答 ◆　　　　　　　1:47:32

　これはACTに合致する自己開示でした。クライエントは，自分はひとりぼっちで，このような失敗をしているのが自分だけだと，これまでかなり長い間，感じてきました。今回，私は彼女のその気持ちにお付き合いして，私も時としてそのような体験をするのだということを開示することによって，彼女にひとりぼっちではないということをお伝えしました。それから，彼女が心を開き始めて「本当に？」と言ったとき，そこで彼女は自分がひとりぼっちではないという可能性とつながることができたのです。最終的には，それによって，失敗や無能の体験がセッション中に現れたら一緒に

取り組んでいく，という道が開かれたのです。今後のセッションでは，失敗や無能の体験がその時点の"問題"なのかどうかを問うこともできるでしょう。

次の場面では，**コア・コンピテンシー5**（本書 p.94，ACTをまなぶ p.433）に焦点を当てます。ここでは，内容を解決しようという意図はまったくもたず，矛盾する内容を進んで抱えていく気持ちをもちながら，セラピスト自身がやっかいな内容をアクセプタンスするというモデルを示していきます。

▶ **場面2** 　1:48:45

クライエント　私は，父と同じ屋根の下で育つことができませんでした。だから，私にはどうも，父が遠くから私を育てようとしていたように感じてしまうのです。父に愛情があることはわかりますし，私も父を愛しています。父と良い関係をもちたいです。でも，父が私に言うことはすべて，「まだまだダメだ」と言っているように聞こえてしまいます。とても批判的で，人の心を傷つけます。だから，父が私のことを愛していないように感じてしまって，父の前ではつい反抗してしまうのです。父は私のことを理解していません。父が私のことをほめるなんてことはあり得ません。

セラピスト　お話をうかがっていると，どうやら2つのことが起きているようですね。1つには，あなたはお父様を愛していて，親密になりたいと望んでいる，ということ。

クライエント　はい。

セラピスト　もう1つは，お父様があなたに「あなたはまだまだダメだ」というメッセージを与えること。

クライエント　はい。

セラピスト　お父様とのコミュニケーションを改善する方法を考えることに，少し時間をかけましょう。おそらく，あなたの気持ちをお父様に伝えるということになるでしょう。あなた方がどのような会話をなさるのか，例を示していただけませんか？

クライエント　ええ。その，私は，イタリア留学のプログラムにとても関心があると父に話しました。私がとても楽しみにしているプログラムで，私はシェフになりたくて，そこに料理学校があるんです。でも父は，「おまえはここにいるんだ。学校に行け。他にするべきことがあるだろう……」と，自動的に話が戻ってしまうのです。父は自分の母親のように，私に看護師になってほしいのです。私のためを思ってそう言ってくれていることもわかっています。私にとって最善のことを望んでくれているのです。でも，私がチャレンジしたいことはほめてくれない……。

セラピスト　では，おそらくあなたにできることの1つとして，お父様にあなたの話を1つ1つ確認しながら聞いてもらうようにするといいでしょう。もっと心を開いてあなたの話を聞き，あなたが言っていることを少しくり返してもらえないかと頼んでみてはどうでしょう。というのも，お父様は実際，あなたの話を聞き逃していらっしゃるようなので。

クライエント　ええ。

セラピスト　次にお父様とお話をするときに，試してみることができますか？

クライエント　はたして父にそんなことができるのかどうか，わかりません。その……頼んでみることはできるでしょうけど，父は私がここに来て先生と話をすることさえ，お金の無駄と考えているのです。

セラピスト　そうですか。ではそのときに，ここに来ることがあなたにとってどのようにためになっているかを，お父様に話してみるといいですね，そうして，そのことも聞いてくれるよう頼んでみてはどうでしょう。

クライエント　はい。そうですよね，試してみることはできますね。

セラピスト　ええ。

> **❚❚ DVDを一時停止！**
>
> ここでDVDを一時停止してください。
> この例はACTに合致していましたか？ 合致していませんでしたか？ あるいは，どちらとも言えないものでしたか？ そう考えた理由は何でしょう？
> あなたの回答とセラピストからの回答を比べてみてください。

▼ セラピストからの回答 •　　　　　　　　　　　　　　|1:51:40|

　場面2では，非常に微妙なことが起こっていました。明らかに問題解決を進めています。しかし，そのこと自体，単独では必ずしも問題ではありません。実際のところ，問題解決というのはACTで行っていることとかなり一貫性をもたせられるものなのです。ところが，このケースでは，クライエントはかなり感情的な内容を表現しており，父親が自分を批判することについて話しています。しかも，泣き出しそうに見える場面もありました。もしここで私が，その瞬間瞬間をじっくりと感じるための時間をとって，そこにある感情に気づき，その感情に対して進んでオープンになることで私たちの関係を発展させていけば，クライエントと強固な関係を作ることができたでしょう。しかし，私はそのチャンスを逃してしまいました。また，クライエントが感情的になり始めたときに問題となってくるのは，時折，セラピストにとってもそれがつらいことであるということです。例えば，私に批判的な父親がいたとします。そして，その批判を体験するのが私にとってつらいことだとしましょう。その場合，私は，自分自身の感情的体験から逃れる方法として，さっさと問題解決に進み，その瞬間に進んで留まろうとするウィリングネスを失ってしまうかもしれません。したがって，この場合の最善のアプローチとは，手元にある問題や感情から離れることなく，もっとじっくりとそれを感じるとともに，セラピストが体験していることをも進んで体験しようとすることです。
　これは**コア・コンピテンシー9**（●**本書 p.94，ACTをまなぶ p.435**）にも関連し

ています。その瞬間に起こるプロセスについて述べられている部分です。ところが，このセッションの中で私は，**コア・コンピテンシー9**やACTに合致するプロセスをとらえ損ねてしまいました。

次の場面では，**コア・コンピテンシー1**（本書 p.94，ACTをまなぶ p.431）を見ていくことにします。ここでは，クライエントは，今の時点でも完全に有能であり，価値に沿った方法で人生を前向きに送っていくために必要なものをすべてもっているという視点から，クライエントとワークに取り組んでいきます。

▶ 場面3　　　　　　　　　　　　　　　　　　　　　　　　1:53:49

クライエント　その，なかなかやる気になれなくて，とても苦労しています。どうしても時間どおりに仕事に行けないので，復職もできません。朝，家を出るのも一苦労です。だって，そうする意味がわからないんです。何かやってみようとするたびに，失敗する気がするんです。私は，ただのできそこないです。

セラピスト　あなたは前にも「できそこない」とおっしゃったことがありましたよね。一方で，あなたは100パーセント欠けたところのない，100パーセント能力のある人だというのが，私の立場です。人生において自分がしたいと思うことに対応していける人だと思っています。ですから私は，あなたができそこないだという前提であなたと向き合っていくつもりはありません。私はあなたを，外の世界に出て人生の中で自分の価値を実現していける，対応能力のある方として考えていくつもりです。

> ⏸ DVDを一時停止！
>
> ここでDVDを一時停止してください。
> この例はACTに合致していましたか？　合致していませんでしたか？　あるいは，どちらとも言えないものでしたか？　そう考えた理由は何でしょう？
> あなたの回答とセラピストからの回答を比べてみてください。

⬇ セラピストからの回答 ・　　　　　　　　　　　　1:54:54

場面3はとても短かったですね。このクライエントは，自分自身をできそこないだと思い，その思考を抱えています。ACTの視点からは，セラピストはいつでもクライエントを，その瞬間において100パーセント有能であるととらえようとします。したがって，これは，ACTに合致した行動といえます。

ACTというダンスの踊り方

⟶ ACTをまなぶ 第**10**章

| セラピスト　　スティーブン・ヘイズ |

　ここからは，臨床場面でよくある基本的な問題への対応をいくつか詳しく見ていくことにします。まずは，典型的な抑うつ思考をもつ抑うつ状態のクライエントです。それから，代替案をいくつか検討しましょう。ここで考えていただきたいのは，それぞれがACTに合致しているかどうかです。合致しているのであれば，六角形の6つのコア・プロセス（⟶ ACTをまなぶ p.18）のどれが示されているでしょうか？　あるいは，ACTに合致していない場合には，それはなぜなのでしょうか？

▶ 場面1

クライエント　私は負け犬のように感じています。もう先に進みたくありません。疲れました。

セラピスト　わかりました。では，あなたが今おっしゃった感覚の中に，何か私たちにとって重要なことを教えてくれる，そんなものがあったら，どうしますか？　それはきっと外見的には見たくもないようなものですが，その中には何か大切なものがあるのです。進んで中に入ってみようというお気持ちはありますか？　というのも，私には，あなたがこれを寄せつけないようにしていたように感じられたものですから。この気分の中へ入って，そこにはいったい何があるのかを確かめてみよう，自ら進んでそうしようと思いますか？

> ‖DVDを一時停止！

ここでDVDを一時停止してください。

この例はACTに合致していましたか？ 合致していませんでしたか？ あるいは，どちらとも言えないものでしたか？ そう考えた理由は何でしょう？

あなたの回答とセラピストからの回答を比べてみてください。

- ▼ セラピストからの回答 • ─────────── 1:56:41

これはACTに合致する対応です。体験の回避とアクセプタンスに焦点を当てて，それを実施可能なアジェンダとして，先に進むための方法として導入しています。

▶ 場面2　　　　　　　　　　　　　　　　　　　　　1:57:03

クライエント　私は負け犬のように感じています。もう先に進みたくありません。疲れました。

セラピスト　その感情の中へ入ろうとするときに，どこか重い，絡まってしまったような感じがあるようですね。ちょっとお聞きしたいのですが，あなたの体験は，あなたが本当に負け犬であると言っていますか？ いくつか，例をあげてみてください。例えば，法廷で「私は負け犬である」というのは正しいと主張するとしたら，それを支持する証拠として提出できるものが何かありますか？

> **‖ DVDを一時停止！**
>
> ここでDVDを一時停止してください。
> この例はACTに合致していましたか？ 合致していませんでしたか？ あるいは，どちらとも言えないものでしたか？ そう考えた理由は何でしょう？
> あなたの回答とセラピストからの回答を比べてみてください。

● セラピストからの回答 ●　　　　　　　　　　　　1:57:37

> これは，ACTに合致していない対応です。思考を字義どおりにとってしまうことで，おそらく，抑うつ思考とのフュージョンという火にますます油を注いでしまっているといえるでしょう。思考に対する賛成反対の根拠を羅列するというのは，実際には，その思考をもっと中心的で，重要で，扱いにくいものにしてしまっている可能性があります。それは，ACTモデルの観点からすれば最もしたくないことです。

▶ **場面3**　　　　　　　　　　　　　　　　　　　　1:58:05

クライエント　私は負け犬のように感じています。もう先に進みたくありません。疲れました。

セラピスト　その浮かび上がってくる思考。自動的で昔からある思考。あなたがそれを口にするとき，私には，その思考があなたの目の前にあるような感じがします。他に何も見えなくなるくらいの目の前です。その思考をあなたから少し離す必要があるかもしれません。思考が出てきているということと，それがあなたのマインドから出てきているということに，ただ気づくのです。

> ‖ DVDを一時停止！

ここでDVDを一時停止してください。
この例はACTに合致していましたか？ 合致していませんでしたか？ あるいは，どちらとも言えないものでしたか？ そう考えた理由は何でしょう？
あなたの回答とセラピストからの回答を比べてみてください。

• **セラピストからの回答** • 　　　　　　　　　　　　　1:58:45

これは，ACTに合致する対応です。脱フュージョンというアジェンダを導入しています。そして，物体のように扱うメタファーを使って，ある違いに焦点を当てています。思考が言うことを買ってそれに巻き込まれてしまうことと，抑うつ思考を含む思考を見つめることの違いです。

▶ **場面4** 　　　　　　　　　　　　　　　　　　　　　1:59:07

クライエント　私は負け犬のように感じています。もう先に進みたくありません。疲れました。

セラピスト　ええ。私も時々そのように感じることがありますよ。それでは，そのような思考がいったいどんなときに生じてくるのか，記録するといいかもしれませんね。ご自宅で使える思考記録表を差し上げましょう。その思考がいつ出るのか，いつ出ないのか，激しさが増すとき，あるいは和らぐときはいつか，そうしたことを確認できるといいですね。ちょっと待っててください。書類キャビネットから記録用紙を出しますから。

>||DVDを一時停止！

ここでDVDを一時停止してください。
この例はACTに合致していましたか？　合致していませんでしたか？　あるいは，どちらとも言えないものでしたか？　そう考えた理由は何でしょう？
あなたの回答とセラピストからの回答を比べてみてください。

● セラピストからの回答 ●　　　　　　　　　　1:59:53

　これは，ACTに合致していない対応です。思考記録が理由ではありません。思考記録を用いることはかまわないのです。主流のCBT（認知行動療法）で見かけるようなものとよく似たものを私たちも実際にもっていますから。しかし，今ご覧になったこの映像には，もっと心配なことがありました。それは，セラピストの心の中で何か触れるものがあったときに，話の流れにそぐわない話題に突然移ってしまったことです。実際には，私は自分にとって困難な話題を避けていました。そのため，人生の一部として日々体験するものに向き合うというモデルではなく，「逃げて内容の管理に入ってしまいましょう」というモデルをセッション内で示してしまったのではないか，と思うのです。これは，ACTの観点から行われるワークとしては，非常に不適切なものと言えるでしょう。

▶ 場面5　　　　　　　　　　　　　　　　　　2:00:42

クライアント　私は負け犬のように感じています。もう先に進みたくありません。疲れました。
セラピスト　何でしょう，そうおっしゃっている間にも，あなたがどこかに転がっていってしまうような感じがします。転がって目が回ってしま

ような感じです。少し息を吸って，今，あなたの身体が何をしているのかにただ気づいてみようというお気持ちはありますか？　今，あなたは何を感じていらっしゃいますか？

|| DVDを一時停止！

　ここでDVDを一時停止してください。
　この例はACTに合致していましたか？　合致していませんでしたか？　あるいは，どちらとも言えないものでしたか？　そう考えた理由は何でしょう？
　あなたの回答とセラピストからの回答を比べてみてください。

・**セラピストからの回答**・　　　　　　　　　　　　　　　2:01:13

　回避と認知的フュージョンの代償の1つは，「今，この瞬間」に，自分の身体の中や自分のまわりで起こっていることがわからなくなってしまう，ということです。「今，この瞬間」の体験をワークの基盤にするだけで，さまざまな可能性が開かれます。これは，「今」に入っていこうとする，ACTに合致した試みでした。

▶ **場面6**　　　　　　　　　　　　　　　　　　　　　　2:01:35

クライエント　私は負け犬のように感じています。もう先に進みたくありません。疲れました。

セラピスト　以前からあるその思考パターン……というのも，あなたがここでそのようなことをおっしゃるのを以前にお聞きしたことがありますから……あなたがそのようなパターンに入るときに，1つ，あなたにお聞きしたいことがあるのです。あなたがその思考に気づいたときに，その

思考に気づいているのは誰なのでしょう？　ここには誰かいますか？　思考が思考自身に気づいているのでしょうか？　それとも思考が出たことに気づいている人が誰かここにいるのでしょうか？

> ‖DVDを一時停止！
>
> ここでDVDを一時停止してください。
> この例はACTに合致していましたか？　合致していませんでしたか？　あるいは，どちらとも言えないものでしたか？　そう考えた理由は何でしょう？
> あなたの回答とセラピストからの回答を比べてみてください。

● セラピストからの回答 ● 　　　　　　　　　　　　2:02:13

　これは，ACTに合致するアプローチです。ここでは，文脈としての自己，超越者としての自己を体験しようとしていました。文脈あるいは超越者としての自己という場所からであれば，圧倒されず，もっと柔軟に，困難な思考と気分を体験したり対応することが可能になるのです。

▶ 場面7　　　　　　　　　　　　　　　　　　　　2:02:40

クライエント　私は負け犬のように感じています。もう先に進みたくありません。疲れました。

セラピスト　いいですか。あなたがそのようにおっしゃっているときにそこに存在する気分……あなたはそれを感じる必要があります。100パーセント，その中に入るのです。今，ここで，さあ，行くぞ，というように。それを受け止めてそれと一緒に人生を歩むのは，他でもないあなたがするべきことなのです。ご自身が感じることに対して素直になってくださ

い。「圧倒されそうだ」「悲しい」それを素直に感じてください。100パーセントです。さあ，どうぞ。

> ❚❚ DVDを一時停止！
>
> ここでDVDを一時停止してください。
> 　この例はACTに合致していましたか？　合致していませんでしたか？　あるいは，どちらとも言えないものでしたか？　そう考えた理由は何でしょう？
> 　あなたの回答とセラピストからの回答を比べてみてください。

⬇ セラピストからの回答 ● 　　　　　　　　　　2:03:20

　これはアクセプタンスという名のもとに行われている，いじめのようなものです。おそらくワークの後半であれば，実際にこのように強く押すということもあるでしょう。しかし，ここでは明らかに，このクライエントには無理なところまで進んでしまっています。ただ指をならして，「100パーセントやりなさい」などと言ってはいけません。まずはそのための基礎をしっかりと固めて，もっと穏やかな方法で，選択も価値も含まれるようにして行うことが大切です。それは一種の成長のプロセスと言ってもいいでしょう。私たちの額には，スピードメーターなどくっついていません。もしセッションの中で，クライエントの背中を無理に押してしまっているような感じがしたならば，それは，「クライエントは決まったスピードでコレとソレとアレをやらねばならない」という基準のようなものにあなたがフュージョンしてしまっているというサインです。それは，「今，この瞬間」に存在し，クライエントと一緒になって，そしてもっと自然な形でアクセプタンスを進めていくためには，役に立ちません。

▶ **場面8**　　　　　　　　　　　　　　　　　　　　　　　　2:04:12

クライエント　私は負け犬のように感じています。もう先に進みたくありません。疲れました。

セラピスト　そうですか。いかに大変か，お話を聞いていてわかります。ただ，わからない部分もあります。もともと，なかなか見つかりにくいものだからでしょう。それは，あなたが本当に望んでいるのは何だろうか，ということです。あなたはどのような人生を望んでいるのでしょうか？ 心の中かどこかにあって，この痛みを越えたらそれに向かって歩いていきたいと感じるもの。そんなものが，何かあるでしょうか？ 私の推測では，それはまさしくここに，その痛みの反対側にある気がします。そしてそこに達するためには，その中に入っていくことが必要なのです。

> ⏸ DVDを一時停止！
>
> 　ここでDVDを一時停止してください。
> 　この例はACTに合致していましたか？ 合致していませんでしたか？ あるいは，どちらとも言えないものでしたか？ そう考えた理由は何でしょう？
> 　あなたの回答とセラピストからの回答を比べてみてください。

● **セラピストからの回答** ●　　　　　　　　　　　　　　2:05:07

　クライエントはいったい何を望んでいるのか，心をこめて質問して，それを中心としていくつか追加的なワークを補っていくだけで，価値に向かって進んでいくことができます。この映像はACTに合致しています。最後にアクセプタンスにも言及したことで，少々，混ざったところがあります。つまり，痛みの中へ入っていくことによって，人生の方向性という感覚がつかめたり，自分は何を保留にしてきたのか，また，なぜ自分はこのように内的な世界と戦うのかということに対して，心を開くこともできるかも

しれないのです。

▶ **場面9** ⏱ 2:05:44

クライエント 私は負け犬のように感じています。もう先に進みたくありません。疲れました。

セラピスト そのお話に入り込んでいくと，あるパターンが起こるような感じがするのです。過去にあなたがそのようにおっしゃったとき，アクションが止まってしまいました。膝を抱えてしゃがみこんでしまったようでした。まるで嵐が去るのを待っているかのようにです。それはそれでけっこうなのですが，ここで，そのパターンに気づいていただきたいのです。ひょっとしたら何か，別のパターンを作ることができるかもしれません。何か他にもできることがあるかもしれません。というのも，もし私たちがここで，誘惑に駆られるままに動いてしまったら，また同じパターンをくり返すことになってしまうと思うからです。

> ‖ DVDを一時停止！
>
> ここでDVDを一時停止してください。
> この例はACTに合致していましたか？ 合致していませんでしたか？ あるいは，どちらとも言えないものでしたか？ そう考えた理由は何でしょう？
> あなたの回答とセラピストからの回答を比べてみてください。

• 🔽 **セラピストからの回答** • ─────── ⏱ 2:06:27

行為のより大きなパターンに着目することは，六角形のモデル（●ACTをまなぶ p.18）のポイントの1つです。これは，ACTに合致するア

プローチです。いわば，その瞬間に，行為のもっとずっと大きなパターンをとらえようとするものです。それは，私たちが戦いに引きずり込まれるときにとる行為によって築いていくパターンです。あるいは，私たちがもっと心を開いて，何か代わりの方法はないか，生きる価値のある人生へとすべてを運びこんでいく別の方法はないかと，もっと柔軟に探し求めていくときにとる行為によって築いていくパターンです。

コア・コンピテンシー一覧

■ウィリングネス／アクセプタンスの育成（『ACTをまなぶ』第2章）

1	クライエント自身がだめなのではなく，役に立たない方略を使っているだけであることを伝える。
2	クライエントが感情に対するコントロール方略のパラドックス的効果とじかに接触できるように支援する。
3	臨床のやりとりにおいて，役に立つかどうかという考え方を積極的に用いる。
4	感情をコントロールしようとする戦いをやめる実験をしてみるように促し，代替案としてウィリングネスを提案する。
5	コントロールとウィリングネスの方略のそれぞれが機能する可能性を，対比して際立たせる。
6	クライエントがウィリングネスと苦悩の関係を調べるのを支援する。
7	クライエントが価値づけされた人生の目標と比べたときに，ウィリングネスの欠如がもたらす代償に接触するのを支援する。
8	クライエントがウィリングネスの性質を体験するのを支援する。
9	エクササイズやメタファーを使って，困難な内的体験が存在する中での行為としてのウィリングネスをわかりやすく示す。
10	治療関係の中でウィリングネスのモデルを示し，クライエントが治療場面以外にもこのスキルを一般化できるように支援する。
11	ウィリングネスの課題に対して，段階的で構造化されたアプローチを用いることができる。

■脱フュージョン（第3章）

1	ウィリングネスに対するクライエントの感情的・認知的・行動的・物理的バリアを特定する。
2	私的体験の字義どおりの意味への執着がウィリングネスを維持しにくくするということを示唆する（私的体験を，自分の姿を映し出すものとしてではなく，あるがままの姿で見るのを支援する）。
3	機能するだろうとクライエントのマインドが言っているものと，機能しているとクライエントの体験が言っているものを，アクティブに比較対照する。
4	クライエントとクライエントの私的体験の間に健全な距離をおくため，言語的道具（例：「でも」をやめる），メタファー（例：「頭の上の泡」「バスの乗客」），体験的エクササイズ（例：カードに書いた思考）を使う。

5	ウィリングネスをスタンスとして使いながら，困難な私的体験を「してみる」実験をするようにクライエントに働きかける。
6	言語の隠れた性質を明らかにするため，多様なエクササイズ，メタファー，行動課題を用いる。
7	クライエントが自分の物語を解明し，評価や理由づけをしようとする物語の性質に目を向けるのを支援する。
8	物語内で語られる因果関係の恣意性にクライエントが向き合うのを支援する。
9	セッションでマインドらしさ（mindiness：フュージョン）を感知し，クライエントにもまた，それを感知するように教える。
10	私的体験の流れとそのような体験が有害ではないということの両方を明らかにするために，多彩な介入法を用いる。

■「今，この瞬間」との接触（第4章）

1	クライエントの報告内容から脱フュージョンして，その瞬間に注意を向ける。
2	その瞬間の自分自身の思考や気分を治療関係に取り入れる。
3	エクササイズを用いて，クライエントの，現在進行中のプロセスを体験するという感覚を拡大する。
4	クライエントが過去あるいは未来へと知らず知らずのうちに向かっていってしまうのを察知し，「今」に戻ってくる方法をクライエントに教える。
5	報告内容を複数のレベルから理解して，必要に応じて，「今，この瞬間」を強調する。
6	自分自身のマインドから脱して「今，この瞬間」に戻ってくることをセッション内で実践し，モデルを示す。

■概念としての自己と文脈としての自己を区別する（第5章）

1	メタファーを活用して，クライエントが意識の内容や産物と意識そのものを区別するのを支援する。
2	エクササイズを活用して，クライエントが文脈としての自己に接触し，それを概念としての自己から区別するのを支援する。
3	行動課題を活用して，クライエントがマインドの機能と感情の体験に気づけるようにすると共に，体験のため（for）ではなく，体験と共に（with）選択したり行動したりする自己に接触できるよう支援する。
4	評価する自己と評価そのものの区別をクライエントが認識できるよう支援する。

■価値に沿った方向性を見出す（第6章）

1	クライエントが価値に沿った人生の方向性を明確化するのを支援する。
2	クライエントが自分の人生の意味として望むものにコミットするのを支援し，セラピーの焦点をそこに当てる。
3	クライエントに価値とゴールを区別させる。
4	達成されたアウトカムと，生きるプロセスに身を投じることを区別する。
5	セラピーに関するセラピスト自身の価値を述べて，価値を述べることの重要性のモデルを示す。
6	クライエントの価値を尊重して，それでもその価値を支持できない場合には，紹介先を見つけるか，代案を探す。

■コミットされた行為のパターンを形成する（第7章）

1	クライエントが価値に沿った人生のゴールを特定し，それにつながる実行計画を作成するように支援する。
2	感知されたバリア（例：失敗への恐怖，トラウマ記憶，悲しみ，正しくあること）が存在していても，クライエントがコミットメントを行ってそれを維持できるように促す。また，コミットされた行為を行うことで結果的に新たなバリアが生じるということを，あらかじめ想定するように促す。
3	クライエントがコミットされた行為の性質（例：活力，成長の感覚）を正当に評価し，その性質との接触を維持しながら，少しずつステップを踏むように支援する。
4	クライエントが長期にわたって一貫してゴールに基づいて行動できるように支援するため，より大きな行為のパターンにクライエントが焦点を当てるのを続けさせる。
5	評価的でないやり方で，コミットメントの維持と効果的な行為のパターンの形成プロセスに，失敗や再発を織り込んでいく。

■ACTセラピー・スタンス（第9章）

1	ACTのセラピストは対等で，傷つきやすく，共感的で，誠実な，そして分かち合う観点からクライエントに語り，クライエントが効果のない対応から効果的な対応に動いていく内在的能力を尊重する。
2	それがクライエントの利益に役立つときには，個人的問題についても進んで自己開示する。
3	「缶詰になった」ACT介入を使うことは回避し，その代わりに特定のクライエントの特定のニーズに介入を合わせるようにする。セラピストは，どの瞬間にあっても，クライエントのニーズに合うように介入経過を変更する準備がある。
4	クライエントの体験と言語実践，社会的・民族的・文化的な文脈に合うように介入を仕立て，新しいメタファー，体験的エクササイズ，行動課題を作り出す。
5	挑戦的努力を要する内容（例：治療中に現れるもの）のアクセプタンスをモデルとして示し，その一方で，クライエントの矛盾したり困難であるような考え，気分，記憶を，それらを解決しようとすることなく，進んでそのままにしておくようにする。
6	体験的エクササイズ，パラドックス，メタファーを必要に応じて導入し，同じもの（エクササイズなどの対象）の字義どおりの意味づけに重点をおかないようにする。
7	常に論点をクライエントの体験が示していることへと戻すようにしていき，クライエントの意見をその偽りのない体験に対する代替とはしない。
8	クライエントに対して，論争したり，説教をしたり，強要したり，納得させようと試みたりしない。
9	ACTに関連したプロセスをその瞬間に認識し，それが適切なときには治療関係の文脈の中で直接的に支持する。

●監訳者あとがき

　本DVDは，昨年10月に出版された『ACT（アクセプタンス & コミットメント・セラピー）をまなぶ』の副教材である。すでにお読みいただいた方はご了解いただけると思うが，この本は，全部で51個のコア・コンピテンシーと，その大部分に対応した会話例によるエクササイズ（セラピストとクライエントのやりとりが途中まで載っており，その続きをこちらが考える形式のもので，それぞれの問題には解答が2通りずつ用意されている）が各章末に載っており，それを用いて自習することによって，徹底的に実践的な学習ができるように構成されている。

　原著（"*Learning ACT*"）では，本DVDはテキストに付属されているが，上記のとおりDVDがなくとも十分に役に立つ内容であるため，一日も早くわが国の読者に届けたかったことと，別売りとすることで本の値段をかなり抑えることが可能になり，より多くの方々に読んでいただけると考えたため，先行して出版することにした。その後，DVDのスクリプトの翻訳作業を進め，このたびようやく出版にこぎつけることができた。最初は字幕にして入れることも考えたが，作業量が増えてそれだけ時間やコストもかさむことや，字幕にするためにはかなり言葉を短くする必要があり，個々の言葉のニュアンスを非常に大切にするACTの実際が正確に伝わらなくなる危険もあると考え，今回は，スクリプトの全てをなるべく読みやすい日本語としてテキスト化することにした。そのため，日本語を目で追いながら英語を聞くのはやや大変であるとしても，逆にスクリプトのみを読んでいただくことでも十分に役に立つ教材になったと思う。このDVDに収録された場面は全て，『ACTをまなぶ』の著者と数人の役者によるロールプレイであり，意図的に，ACTに合致した場面と，合致しない場面，そして部分的に合致した場面が含められている。ということは，治療者も役者も芝居をしているということになるが，不自然なところは全くなく素晴らしい臨場感に仕上がっている。ただ，収録上のミスだろうか，「概念としての自己と文脈としての自己を区

別する」の場面1で音声と映像が合っておらず，そこだけは残念である。

　『ACTをまなぶ』のあとがきにも書いたが，この本は昨年8月に出版された『ACTを実践する』と合わせて活用していただくことで，機能的な臨床スキルの習得とケース・フォーミュレーションの実践という両面から，ACTの体験的な学習を進めることができる。そこに，さらに本DVDの視聴を加えていただければ，セラピストとクライエントの間でまさに直接的な随伴性が働く場に身を置くことができ，陪席をして学習するのと同じようなモデリングによる体験学習が可能になると考えている。原則として，『ACTをまなぶ』を読んだ後か，読みながら同時に参照していただくことを想定しているが，ACTの他のテキスト（『ACTを実践する』『アクセプタンス＆コミットメント・セラピーの文脈』〔2011年夏に星和書店から改訂版『ACTを研究する：臨床行動分析の可能性（仮）』を公刊予定〕『〈あなた〉の人生をはじめるためのワークブック』〔2010年春に星和書店から改訂版『ACTをはじめる：セルフヘルプのためのワークブック（仮）』を公刊予定〕）で基本的事項が理解できている場合は，本DVDのみを視聴するだけでも，十二分に役立てていただけるだろうと思う。ただ，どちらの場合も，学習効果を最大にするためには，例として示される各場面がACTに合致するか，合致しないか，どちらとも言えないかを，必ず自分で判断して進めるようにしていただきたい。

　今回も一緒に監訳の労を取っていただいた武藤先生が，『マインドフルネス＆アクセプタンス：認知行動療法の新次元』（2010年秋に星和書店から改訂版『マインドフルネス＆アクセプタンス：新世代の認知行動療法（仮）』を公刊予定）の翻訳出版でわが国に広くACTを含む第三世代の認知／行動療法を紹介されてから，今年で丸5年になる。この間，ACTはその基礎理論である臨床行動分析とともに，着実にわが国の臨床の世界に（そして少しずつ研究の世界にも）根を下ろし，あちこちで芽吹き始めているように思える。本DVDの出版が，微力ながらさらにその花を咲かせ実を結ばせるために役立つようであれば大変嬉しい。

監訳者を代表して　　熊野　宏昭

■著者紹介

ジェイソン・B・ルオマ（Jason B. Luoma, Ph.D.）

臨床心理士。オレゴン州ポートランドにあるポートランド心理療法クリニック・リサーチ・トレーニングセンターのセンター長であり，ネバダ大学リノ校の研究助成金雇用研究者である。研究のテーマは，カウンセラーのバーンアウト軽減に対するACTの適用，物質依存症に対する偏見への介入法としてのACT，エビデンスに基づくセラピーの普及とトレーニングである。さらに，アクティブに臨床実践を行っており，経験を積んだACTトレーナーでもある。この本は，こういった実践経験と研究の産物である。

スティーブン・C・ヘイズ（Steven C. Hayes, Ph.D.）

ネバダ大学リノ校の心理学教室の創立教授である。400近い論文と30冊以上の本の著者であるが，その中には，『Get Out of Your Mind and Into Your Life: The New Acceptance and Commitment Therapy』（2010年春に星和書店から邦訳書『ACTをはじめる：セルフヘルプのためのワークブック（仮）』を公刊予定）や『Relational Frame Theory』が含まれている。アメリカ行動／認知療法学会の過去の会長であり，これまでに世界中で数百回ものACTのトレーニングを実施し，多数の大学院生の臨床的トレーニングのスーパーヴァイズを行っている。

ロビン・D・ウォルサー（Robyn D. Walser, Ph.D.）

臨床心理士であり，コンサルタントやACTのワークショップ講師として，そして自分で立ち上げたTLコンサルテーション・サービスのセラピストとして働いている。1998年以来，アメリカ国内でも国外でもACTワークショップを行ってきており，さまざまな形式とクライエントの問題に対するトレーニングを実施してきた。さらに，退役軍人問題・パロ・アルト・ヘルスケア・システムの国立PTSDセンターでも働いている。トラウマティック・ストレスの専門家であり，多くの論文と，ACTをPTSDとトラウマ関連問題に適用するための『Acceptance and Commitment Therapy for the Treatment of Post-Traumatic Stress Disorder and Traumatic Related Problems』の著者である。

■監訳者紹介

熊野 宏昭（くまの ひろあき）
石川県生まれ。医師，臨床心理士。1985年に東京大学医学部卒業，1995年に東京大学博士（医学）取得。東京大学心療内科医員，東北大学大学院医学系研究科人間行動学分野助手，東京大学大学院医学系研究科ストレス防御・心身医学（東京大学医学部附属病院心療内科）助教授・准教授を経て，2009年4月から，早稲田大学人間科学学術院教授。
〈著書〉
『ACT（アクセプタンス＆コミットメント・セラピー）をまなぶ』（共監訳，星和書店，2009年）
『ACT（アクセプタンス＆コミットメント・セラピー）を実践する』（共監訳，星和書店，2009年）
『季刊こころのりんしょうà・la・carte（第28巻1号）特集号ACT＝ことばの力をスルリとかわす新次元の認知行動療法』（編著，星和書店，2009年）
『二十一世紀の自分探しプロジェクト』（サンガ新書，2009年）

高橋 史（たかはし ふみと）
秋田県生まれ。臨床心理士。2004年に早稲田大学人間科学部を卒業。2009年に早稲田大学大学院人間科学研究科修了（博士〔人間科学〕；早稲田大学）。2009年4月から，葛飾区子ども発達センター心理発達専門員。
〈著書〉
『ACT（アクセプタンス＆コミットメント・セラピー）をまなぶ』（共監訳，星和書店，2009年）

武藤 崇（むとう たかし）
埼玉県生まれ。臨床心理士。1992年に筑波大学第二学群人間学類を卒業，1998年に筑波大学大学院心身障害学研究科修了（博士〔心身障害学〕；筑波大学）。筑波大学心身障害学系技官・助手，立命館大学文学部助教授・准教授を経て，2010年4月から同志社大学心理学部教授。また，2007-2008年，ネバダ大学リノ校客員研究教授としてヘイズ博士の研究室に所属。
〈著書〉
『アクセプタンス＆コミットメント・セラピーの文脈：臨床行動分析におけるマインドフルな展開』（編著，ブレーン出版，2006年）
『ACT（アクセプタンス＆コミットメント・セラピー）をまなぶ』（共監訳，星和書店，2009年）
『ACT（アクセプタンス＆コミットメント・セラピー）を実践する』（共監訳，星和書店，2009年）
『季刊こころのりんしょうà・la・carte（第28巻1号）特集号ACT＝ことばの力をスルリとかわす新次元の認知行動療法』（編著，星和書店，2009年）
『臨床行動分析のABC』（共監訳，日本評論社，2009年）
『アメリカ心理学会心理療法ビデオ（DVD）シリーズ日本語版　アクセプタンス＆コミットメント・セラピー』（監修，JIP日本心理療法研究所，2009年）

■訳者紹介

熊野 宏昭（監訳者紹介参照）

高橋 史（監訳者紹介参照）

黒澤 麻美（くろさわ あさみ）
東京都生まれ。
1989年に慶應義塾大学文学部卒業。1990年より英国オックスフォード大学留学（〜1993年）。1991年に慶應義塾大学大学院文学研究科修士課程修了。帰国後，複数の大学で英語講師として勤務。2005年より北里大学一般教育部専任講師。星和書店より訳書多数。

佐藤 美奈子（さとう みなこ）
愛知県生まれ。
1992年に名古屋大学文学部文学科卒業。現在は翻訳家としての活動のかたわら，英語の学習参考書・問題集の執筆にも従事。星和書店より訳書多数。

『ACT（アクセプタンス＆コミットメント・セラピー）をまなぶ』学習用DVD
ACT（アクト）をみる：エキスパートによる面接の実際

2010年4月16日　初版第1刷発行
2010年6月18日　初版第2刷発行

著　ジェイソン・B・ルオマ　スティーブン・C・ヘイズ　ロビン・D・ウォルサー
監訳　熊野宏昭　高橋 史　武藤 崇
発行者　石澤雄司
発行所　㈱星和書店
　　　　東京都杉並区上高井戸1−2−5　〒168-0074
　　　　電話　03(3329)0031（営業）／03(3329)0033（編集）
　　　　FAX　03(5374)7186
　　　　http://www.seiwa-pb.co.jp

©2010　星和書店　　Printed in Japan　　ISBN978-4-7911-0734-6

ACT（アクセプタンス＆コミットメント・セラピー）をまなぶ
セラピストのための機能的な臨床スキル・トレーニング・マニュアル

J.B.ルオマ、S.C.ヘイズ、R.D.ウォルサー 著
熊野宏昭、高橋史、武藤崇 監訳

A5判
628p
3,500円

本書は、ACTの基礎を学ぶのに欠かせないワークブックである。豊富な事例を含む解説や実践エクササイズで、ACT臨床家として必要な姿勢や技法を身につけることができる。

ACT（アクセプタンス＆コミットメント・セラピー）を実践する
機能的なケース・フォーミュレーションにもとづく臨床行動分析的アプローチ

P.A.バッハ、D.J.モラン 著
武藤崇、吉岡昌子、石川健介、熊野宏昭 監訳

A5判
568p
4,500円

本書は、ACTを実施するうえで必要となるケース・フォーミュレーションを主として解説する。また、行動を見るための新鮮な方法も紹介する。

こころのりんしょう à・la・carte 第28巻1号
ACT（アクセプタンス＆コミットメント・セラピー）
＝ことばの力をスルリとかわす新次元の認知行動療法

熊野宏昭、武藤崇 編集

B5判
204p
1,600円

認知行動療法の第3の波といわれる最新の心理療法を紹介。おもに言葉へのとらわれという面から、症状、生きにくさをとらえ、さまざまなメタファーやエクササイズにより、症状をときほぐす。S.C.ヘイズら、開発者の海外論文も掲載。

発行：星和書店　http://www.seiwa-pb.co.jp　価格は本体（税別）です